GISELLA GAUDENZI

Mariele una donna, uno zecchino

Gisella Gaudenzi

Mariele una donna, uno zecchino

EDIZIONI DEHONIANE BOLOGNA

In I e in IV di copertina fotografie di ALDO SALMI
e dell'agenzia PALMIRO MUCI, Milano

L'editore ringrazia i titolari dei diritti che hanno gentilmente autorizzato la riproduzione dei brani di loro proprietà.
È a disposizione degli aventi diritto che non è stato possibile contattare.

ISBN 88-10-51031-3

Stampa: Grafiche Dehoniane, Bologna 2005

A chi un giorno cantò canzoni liete con me;

a chi quotidianamente rinnova la sua speranza nelle cose buone
e ricrea suoni, immagini, sensazioni;

a chi per un attimo ascoltò le mie accennate melodie,
accarezzandole con dolcezza.

Ai bambini, al dirigente, alle amiche insegnanti
e «dade» delle scuole elementari Villa Torchi e Marsili di Bologna,
perché nello sforzo del loro «essere» scuola
esprimono cordialità, sentimento sincero e impegno
nei confronti della vita.

A tutti coloro che hanno amato Mariele e la portano nel cuore.
Al mio papà, ormai riassunto nel sorriso di Dio...

PRESENTAZIONE

La musica è una delle più alte manifestazioni dell'animo umano, e quindi, come tale, è di per sé lode a Dio. Nei secoli, attraverso la musica sono stati espressi i sentimenti più alti, le emozioni più forti di cui l'uomo è capace.

In un mondo come quello attuale, dove sovente sembra che il ruolo della musica sia solo quello di sottofondo, di riempire il silenzio, in modo da evitare di pensare, Mariele è riuscita, con la musica, ad educare.

Mariele è riuscita cioè a trasmettere, con uno strumento piacevole e immediatamente a tutti comprensibile, alcuni tra i valori fondamentali per la convivenza umana, primo tra tutti il valore della persona, il rispetto per l'altro, per il più piccolo, ma anche la gioia che viene da un impegno serio per le cose in cui si crede, la dedizione che è necessaria quando si vuole trasmettere un messaggio forte, un messaggio di speranza.

La vicenda umana di Mariele ci testimonia la sua convinzione, la sua ferma fede, che solo nel legame a Cristo, nell'ascolto della sua Parola, cibandosi del suo Corpo, è possibile amare e trasmettere l'amore, apprezzare pienamente i suoi doni, a cominciare da quello della vita.

✠ Carlo Caffarra
Arcivescovo di Bologna

La storia che stiamo per raccontarvi vi sembrerà così particolare, dolce e splendente da farvi pensare a qualcosa di irreale, quasi ad una fiaba.

Non è così.

Sentirete raccontare di una persona reale, una donna vera che ha camminato sulle strade di Bologna e del mondo, che ha costruito la sua vita nella fatica di ogni giorno.

I sorrisi, i sacrifici, le scelte, le canzoni, gli impegni, le speranze e anche le lacrime di cui vi parleremo sono cose vere, testimoni pronti a ricordarci che là dove ci sono il cuore buono e la carità la vita diventa un'occasione meravigliosa per arrivare nelle braccia di Dio.

La storia di Mariele è la storia di un amore nato nella vita di una donna speciale, che lo seppe riconoscere e se lo tenne stretto.

PRIMA PARTE

Nasce il Piccolo Coro

NOTIZIE SULLA VITA DI MARIELE

Il giorno 16 luglio 1939 nacque a Bologna una bambina di nome Maria Rachele. Tutta la famiglia l'aveva attesa con gioia; papà Livio, mamma Maria e la sorellina Maria Antonietta la cullarono dolcemente e decisero che non l'avrebbero mai lasciata sola e che, fino a quando il Signore avesse voluto, sarebbero stati insieme.

La mamma pronunciava il suo nome molto spesso: voleva farle arrivare la sua voce e tutto il suo amore, voleva avvolgerla di dolcezza.

Ecco che allora prese le quattro lettere iniziali e le tre finali dell'importante nome Maria Rachele e nacque... Mariele! Mariele da pronunciare, Mariele da cullare, Mariele da baciare, Mariele da... cantare.

Insomma una bambina di nome Mariele. Nessuno l'avrebbe poi chiamata in altro modo.

Mariele cresceva come una qualsiasi bimba: la scuola, le amiche, la famiglia, e... la musica. Ben presto papà Livio aveva voluto infatti che le sue figlie conoscessero la musica, perché la loro vita fosse sempre colma di sentimenti e non si sentissero mai sole.

Sono nata oggi
e cosa c'era ieri non lo so.
Sono nata oggi
e non so dire ancora che farò.
Se sarò una stella gigante
o un puntino nel cielo
ma so di sicuro che senza Amore
non vivrò...
Perché l'amore è il più grande motore
che tiene il tempo del nostro cuore
e fa girare e sembrare infinita
come una giostra la nostra vita...

Il più grande motore, Zecchino d'Oro 1991

Spesso le portava con sé ad ascoltare concerti: tutt'attorno signori seriosi e composti nelle loro poltrone; accanto due bambine minute, con le gambe troppo corte per toccare il pavimento, che ascoltavano, ascoltavano e che, qualche volta, dormivano ascoltando.

Ben presto, con grandi sacrifici, a casa Ventre arrivò un pianoforte e un'insegnante brava, paziente ma esigente, la quale incominciò a insegnare sia a Mariele che a Maria Antonietta. Era uno spettacolo vedere le due bambine intente a studiare: accarezzavano i tasti, cercavano di diventare loro amiche, ripetevano ore e ore esercizi precisi, alla conquista di suoni sempre più armoniosi che sapevano parlare al cuore.

Pazienza, quanta pazienza!

Lavoro, quanto lavoro!

Speranze, quante speranze!

A proposito: un bambino appena nato rappresenta sempre una speranza per una famiglia e alla famiglia Ventre si era aggiunto un altro bambino, Michele, colui che da grande sarebbe diventato il dottor Michele, medico pediatra.

Col pianoforte in spalla
Michele il giramondo
traversa valli e monti,
colline, fiumi e ponti...

Col pianoforte in spalla
Michele il giramondo
arriva una mattina
ad una porticina
si accorge all'improvviso
che quello è il Paradiso.
gli dicono di entrare,
di mettersi a suonare,
e lui felice suona
per gli angeli lassù...!

Col pianoforte in spalla, Zecchino d'Oro 1980

La famiglia era ormai al completo: un'altra sorellina però, nata prima di Michele e che si chiamava Maria Assunta, era purtroppo volata in cielo pochi giorni dopo la nascita, a causa di una malattia.

Mariele e Maria Antonietta avevano iniziato ben presto ad avvicinarsi a Dio, a imparare a conoscerlo. Frequentavano la parrocchia, le associazioni cattoliche di quei tempi e in particolare il convento e la chiesa di Sant'Antonio.

Le due bambine crescevano serene, anche se purtroppo la loro fanciullezza fu sfiorata dalla guerra. Eh già, la guerra, la seconda guerra mondiale... Maria Antonietta e in particolare Mariele non l'avrebbero mai scordata. Anche se allora erano molto piccole non avrebbero mai dimenticato il suono della sirena che annunciava i bombardamenti, la preoccupazione negli occhi dei genitori, la paura che si respirava attorno a loro.

Mariele lo avrebbe poi sempre ricordato ai bambini del Piccolo Coro: «Voi non sapete quanto siete fortunati a non avere conosciuto la guerra...». La guerra, la paura di perdersi, la paura del buio.

Un nemico è un amico
che ti sembra diverso e non lo è
un fratello che hai perso
e non sai ritrovare più in te
una goccia d'acqua azzurra nel mare
in quel mare dove nuoti anche tu
un nemico è un amico
lui sei tu.
Un nemico è un amico
stessa voglia di vita che tu hai
stessa musica in mente
le stessissime cose che tu fai
anche lui avrà un bel pacco di sogni
e speranze che si porta con sé
Un nemico è un amico
lui è te.

Ma che t'importa del colore
del passaporto che lui ha
e se non sai che Dio prega
dimmi un po' che differenza farà.
Un nemico è un amico
anche se non è l'angelo che vuoi
alla fine dei conti
non siamo mica dei santi neanche noi.

Una volta che nessuno è perfetto
l'importante è fare il meglio che puoi
un nemico è un amico
lui è noi...

Amico nemico, Zecchino d'Oro 1995

Maria Antonietta e Mariele capirono ben presto che l'odio che genera la guerra può essere sconfitto solo con l'aiuto di Dio; perciò decisero di camminare sulla sua strada e di imparare prima di tutto a conoscerlo.

Questa fu una scelta importante che richiese impegno e amore. Amore per Dio, al quale si poteva arrivare solo attraverso l'amore per gli altri: una cosa non facile, che le avrebbe però ripagate.

Mariele cresceva e si rivelava sempre più una bimba attenta, precisa, desiderosa di apprendere. Questo non significa che non avesse voglia di divertirsi, anzi; le piaceva giocare con le sue amiche, scherzare con loro, ridere, divertirsi. Per tutta la vita le sarebbe piaciuto.

Quando ebbe terminato le scuole medie decise di frequentare l'Istituto magistrale, che le avrebbe permesso di diventare un'insegnante elementare.

Un dì nell'età della pietra,
quel tempo lontano che fu,
in una caverna viveva
un bambino di nome... «Gugù».
Studiava su un libro di pietra,
la carta non c'era, si sa,
quel libro ragazzi pesava
forse più di un quintale... chissà...
... Con quella pietra Gugù camminava,
come sudava, come sudava.
Ogni sei passi così si fermava,
si riposava, si riposava;
e quando a scuola in ritardo arrivava
quattro in condotta il maestro gli dava...
E noi bambini che ci lamentiamo
quando alla scuola i libri portiamo
se son pesanti allora pensiamo
al grosso libro che aveva Gugù...

Gugù, bambino dell'età della pietra, Zecchino d'Oro 1976

Il suo cammino sembrava segnato: diploma in pianoforte, quindi concertista; diploma all'Istituto magistrale, quindi insegnante; e poi chissà... un marito, dei figli, una casa tutta sua.

Ma a volte la vita non va proprio come noi la immaginiamo... e per fortuna, altrimenti sapessi che noia!

Una mattina di settembre, Mariele, giovane maestra elementare e fresca di diploma in pianoforte, si recò a messa alla chiesa di Sant'Antonio e lì trovò qualcuno che, con la sua proposta, le avrebbe cambiato la vita.

Trovò lo Zecchino d'Oro, trovò i bambini e la sua musica, trovò se stessa, trovò... padre Berardo Rossi. Padre Berardo, direttore dell'Antoniano, conosceva Mariele da sempre; l'aveva vista crescere, era amico della sua famiglia, ne conosceva il cuore buono e generoso.

Quella mattina di settembre le disse: «Mariele, vedi di fermarti dopo la messa, perché ti devo parlare di una cosa importante». Lei rispose: «Va bene, anche se non se lo merita; infatti non mi ha ancora detto se ha ricevuto tutte le cartoline che le abbiamo inviato...».

Mariele attese padre Berardo dopo la messa ed egli le parlò di una manifestazione per bambini nata a Milano, che sarebbe arrivata all'Antoniano e che la televisione voleva riprendere. Si trattava dello Zecchino d'Oro, rassegna di canzoni per bambini.

Padre Berardo disse: «Mariele, ho bisogno di qualcuno che prepari i bambini, che insegni loro a cantare; guarda che non sarà uno scherzo...».

Mariele lo guardò seria, poi rispose: «Va bene, per questa volta lo farò, per questa volta...» e leggera come era venuta se ne andò.

Non poteva sapere che il quel momento si era decisa la sua vita, che un piccolo miracolo si era appena compiuto, che il Signore avrebbe trasformato il suo semplice sì in un progetto di vita che non l'avrebbe lasciata mai.

Mariele era così divenuta uno strumento di Dio. Egli l'avrebbe chiamata in paradiso il 16 dicembre 1995.

Cos'è una goccia d'acqua, se pensi al mare
un seme piccolino di un melograno,
un filo d'erba verde in un grande prato...
Una goccia di rugiada, che cos'è?
Il passo di un bambino, una nota sola,
un segno sopra un rigo, una parola?
Qualcuno dice «un niente», ma non è vero
perché, lo sai perché, lo sai perché?

Goccia dopo goccia nasce un fiume,
un passo dopo l'altro si va lontano,
una parola appena e nasce una canzone,
da un «ciao» detto per caso,
un'amicizia nuova...

... Non è importante se non siamo grandi
come le montagne, come le montagne;
quello che conta è stare tutti insieme
per aiutare chi non ce la fa...

Goccia dopo goccia, Zecchino d'Oro 1994

Lo Zecchino d'Oro: il nome

Chi non conosce la favola di Pinocchio? Speriamo pochi.

Pinocchio, burattino-bambino e bambino-burattino, un giorno in cui aveva di nuovo marinato la scuola credendo di non averne bisogno, incontrò due strani figuri che si dichiararono suoi amici. Il gatto e la volpe (così si chiamavano) gli spiegarono che esisteva un campo in cui tutto, una volta seminato, cresceva e ricresceva spontaneamente, duplicato, triplicato, centuplicato...

«Perbacco! – pensò Pinocchio – questa è l'occasione che ci vuole per me e per il mio babbino che è così povero. Seppellirò dunque i miei soldi, gli zecchini d'argento che la mia buona fatina mi ha regalato e aspetterò che si trasformino in tanti zecchini d'oro. Oh, quanto sono dritto!».

Povero Pinocchio! Si era fatto imbrogliare e non vide più i suoi zecchini, né quelli d'argento né tantomeno quelli d'oro.

Eppure, al posto di Pinocchio, tanti bimbi di tutto il mondo, dall'anno 1959, ebbero il loro Zecchino d'Oro.

Festeggiamo lo Zecchino
attraverso la TV
festeggiamo lo Zecchino
con le sue canzoni d'or...
Viva viva lo Zecchino!
Canta canta insieme a noi...
È la festa del bambino
delle mamme e dei papà...

Lo Zecchino d'Oro, sigla Zecchino d'Oro 1959

Uno Zecchino fatto di canzoni, di suoni di tutti i paesi del mondo, di sorrisi e amicizie uniche; uno Zecchino fatto anche e soprattutto da Mariele e di Mariele.

Dal 1961 al 1995 fu lei a curare la preparazione dei bambini che partecipavano allo Zecchino, rinnovando ogni volta impegno ed entusiasmo. Lo Zecchino d'Oro diventò ben presto un appuntamento che le famiglie italiane (e poi anche quelle di gran parte del mondo) attendevano con ansia. In esso tutte riconoscevano valori importanti, raccontati e cantati con gioia dai bambini.

Nella reggia canta il re,
e con l'orchestra del suo zoo,
nell'arca canta il buon Noè.
Canta il mondo intero, lo sai perché?...

È perché lo Zecchino c'è,
lo Zecchino per te e per me...
Nonni e nonne, venite qui!
Babbo, dai! Vieni anche tu!
Vedrete che ci divertiremo...

... Ed il canto accompagnerà
dolce e allegro un tintinnar...
Tintinnano gli zecchini d'oro...

Ogni nota un colore avrà,
cento luci e tonalità
che giocano e si riflettono...

La nostra festa, sigla Zecchino d'Oro 1990

Lo Zecchino d'Oro: l'idea

Nel 1951 in Italia nacque il Festival di Sanremo, gara in cui venivano proposte canzoni di musica leggera. Alla fine della gara un'apposita giuria decretava la canzone vincitrice, la quale veniva incisa in milioni di copie di dischi, che arrivavano poi nelle case degli italiani.

Partecipare al festival significava quasi sempre diventare famosi e, perché no, anche ricchi. Il Festival diventava perciò un sogno, un mito a cui fare riferimento. Gli italiani si divertivano a cantare e a fischiettare motivetti simpatici.

E i bambini? Anche loro cantavano e si sforzavano di imitare gli adulti: nel modo di vestire, di muovere le mani e di cantare. Capitava così che un bimbo grande come un puffo pronunciasse parole difficili, dal significato oscuro per la sua età e che cantasse con voce strana e un po' ridicola motivetti musicali sanremesi, agghindato magari con fiocchi e pizzi.

I bambini imitavano i grandi e forse anche si divertivano... Ma non erano un grande spettacolo; rischiavano di diventare delle scimmiette ammaestrate.

Ecco che allora si pensò di scrivere canzoni per loro, che i bambini potessero cantare e delle cui parole potessero comprendere il significato. All'inizio non fu facile trovare una propria strada, ma poi, grazie allo sforzo di autori intelligenti, di Mariele e dei frati dell'Antoniano, si arrivò a creare una manifestazione fatta per i bambini e dai bambini, che non voleva essere una gara ma una festa, in cui veniva premiata la canzone e non chi l'interpretava.

Nacque così lo Zecchino d'Oro.

Lo Zecchino d'Oro: l'impegno

Lo Zecchino d'Oro entusiasmò tutti per la freschezza e l'originalità delle canzoni e degli interpreti, per gli ideali che promuoveva e che arrivavano diretti al cuore dei telespettatori, senza che ci fosse bisogno che nessuno spiegasse niente. Bastavano un bambino, la sua vocetta, un musica garbata, parole chiare e semplici ed ecco che lo schermo s'illuminava e diventava magico.

Tutto appariva facile, naturale... ma quanto lavoro alle spalle!

Mariele lo sapeva bene. Prima di arrivare allo Zecchino d'Oro trasmesso in televisione, bisognava ascoltare e valutare tutte le canzoni che venivano inviate da vari autori, poi sceglierne alcune e curarne gli arrangiamenti, le orchestrazioni; cercare in tutta Italia e in alcune nazioni straniere bambini che potessero interpretarle, quindi insegnare loro le parole e poi la musica, con pazienza, con tranquilla pazienza.

Fu subito chiaro a tutti che Mariele, nonostante i tempi ristretti, non avrebbe mai permesso a nessuno di fare fretta ai bambini, di costringerli a diventare dei piccoli divi, trasformandoli in mestieranti del canto. Un bambino doveva rimanere un bambino: con i suoi giochi, i suoi sentimenti e le sue riflessioni particolari.

Pur di fronte a venti orchestrali diretti da un gran maestro, a tanti signori addetti ai microfoni e a uno studio pieno di luci colorate che attendevano di accendersi, Mariele sarebbe stata comunque sempre dalla parte del bambino, della sua voglia di coccole e anche delle sue malinconie. Ascoltare i bambini: questa era la parola d'ordine.

Un giorno, Mariele e una bimba di nome Barbara si trovavano nella sala dove venivano incisi i dischi dello Zecchino d'Oro e attorno a loro un piccolo plotone di persone stava cercando di lavorare al meglio; tutto era pronto, ma Barbara no; non era attenta, tendeva a distrarsi, interrompeva l'esecuzione della sua canzone per parlare a Mariele. Le chiedeva continuamente: «Mariele, ma tu quando ti sposi?». «Non lo so, sicuramente non adesso. Dai Barbara, vediamo di finire la nostra canzone». Ma Barbara non voleva sentire ragioni e rifaceva sempre la stessa domanda.

Nella sala tutti cominciavano a sudare, qualcuno aveva fame e pensava a un bel piatto di tortellini, qualcun'altro si era davvero inquietato e si morsicava la lingua per non mettersi a urlare.

«Un bello spettacolo – pensò Mariele – qui bisogna fare qualcosa».

Poi decisa si rivolse alla bambina: «Ma perché vuoi sapere quando mi sposo?».

E Barbara rispose: «Perché così ti posso regalare un bel lampadario da mettere nella tua sala».

Tutti scoppiarono a ridere; Barbara, dopo aver confidato il suo progetto, tornò a cantare e tutti tirarono un sospiro di sollievo. Mariele aveva risolto una situazione «difficile» ascoltando, come avrebbe fatto tante altre volte nella sua vita.

Nasce col tempo alla mia età
un fiore che ha sete di sincerità
e per dissetarlo voglio star con te
perché con te rinasce in me la verità...

Tutti i bambini come noi
vogliono la sincerità, la libertà,
e vedrai che quando un concerto suonerà
non ci sarà disonestà né povertà.
Tutti bambini come noi
ovunque andrai li troverai, li sentirai
mentre insieme cantano quel concerto che
tutti unirà con la bontà e l'umanità...!

Concerto per un bambino, pezzo «speciale» Zecchino d'Oro 1979
(Anno internazionale del bambino)

Mariele e i bambini dello Zecchino d'Oro

Per tanti anni le telecamere hanno trasmesso l'immagine di bambini, spesso piccolissimi, di fronte a un microfono, che quasi per miracolo a un certo punto iniziavano a cantare e proseguivano fino alla fine della loro canzone. Lo sguardo a volte timido, a volte birichino, a volte allegro e spensierato, sempre rivolto a un punto preciso, come se lì si trovasse un mago davvero particolare.

Per tanti anni, di fronte a quei visetti rivolti a un «sole» speciale, i telespettatori si sono chiesti: «Ma che cosa guardano quei bambini, che cosa avranno inventato per farli guardare sempre lì? Avranno sicuramente messo dei giocattoli, una bambola, un trenino elettrico... Ma perché? A quale scopo? Perché quelli della televisione dovrebbero volere che tutti guardino uno stesso punto? È un trucco che solo loro possono capire...».

Giusto. Perché guardare tutti uno stesso punto? Risposta semplice: perché lì c'era Mariele.

Per tanti anni Mariele non si è mai mostrata ai telespettatori, non perché si vergognasse, ma perché non riteneva la cosa indispensabile. Lei era lì per i bambini, per non lasciarli soli, per suggerire parole, sorrisi e musica.

Per tanti anni la postazione strategica di Mariele fu quella vicina alla telecamera: i bambini la cercavano con lo sguardo e, una volta individuata, non la lasciavano più. Così in un solo momento si ottenevano due risultati: bimbi attenti alla loro canzone e bimbi che avevano lo sguardo diretto alla telecamera che doveva riprenderli.

A loro non importava nulla della telecamera, ma di Mariele sì. Mariele amava i bambini e i bambini amavano lei.

Il canto diventava un mezzo per scambiarsi amore, un amore purissimo, che non poteva essere interrotto e che diffondeva intorno un senso di gioia e di serenità che non era facile da dimenticare. Il telespettatore veniva coinvolto in questa corrente d'amore e nel tempo trasferiva nel suo cuore quel ricordo, che diventava parte della sua storia personale.

A proposito: provate a chiedere ai vostri genitori e ai vostri nonni se ricordano qualcosa dello Zecchino, di Mariele, dei bimbi che cantavano, del Piccolo Coro. Sicuramente vi risponderanno di sì e non si fermeranno lì.

Vi parleranno della loro canzone preferita, di un bambino che li aveva particolarmente colpiti, dei loro sogni e sentimenti, di Mariele, di come la imitavano (magari davanti a uno specchio), di come avrebbero voluto incontrarla, di come la ritenevano fortunata.

Attenzione, a un certo punto vi verrà da interromperli: forse vi sentirete un po' stanchi e avrete voglia di correre a giocare... Fatelo pure; allontanandovi però li sentirete ancora raccontare e raccontare... come un fiume in piena.

Mariele è parte della storia dei vostri genitori e dei vostri nonni, perché è parte di quello che erano, di quello che avrebbero voluto diventare e di quello che sono oggi.

Una storia sulla quale costruire un sicuro domani.

Vola, vola, palombella
prima che scompaia la mia stella
e un bacino sulla fronte
porta al sol che spunta all'orizzonte.

E se un chicco d'oro ti darà
un chicco di felicità
me lo presti, amica bella?
Vola vola...
Palombella!

Vola, Palombella!, Zecchino d'Oro 1986

Il Piccolo Coro: la sua origine

Partecipare allo Zecchino d'Oro significava conoscere Mariele, imparare ad amare una canzone, un sentimento, delle armonie da regalare alle persone.

I bambini avvertivano attorno a loro un affetto particolare, la forza coinvolgente della musica, e comprendevano quanto fosse meraviglioso cantare per se stessi e per gli altri. Inoltre, per i partecipanti allo Zecchino cantare era un gioco, un gioco che avrebbero voluto prolungare all'infinito. Ecco perché quelli bolognesi, per i quali l'Antoniano non era lontano, continuavano a cercare Mariele e chiedevano ai genitori di poter cantare ancora; non capivano perché quell'esperienza che aveva dato loro tanta gioia dovesse essere conclusa.

Mariele intuiva tutto questo e, dalla parte dei bambini come sempre, escogitò uno stratagemma. Spiegò a padre Berardo e agli organizzatori dello Zecchino d'Oro che le canzoni sarebbero state più belle, più incisive, più simpatiche se un coretto di bambini avesse potuto ripetere ritornelli e piccole frasette musicali.

Ecco che allora si pensò di ripescare i bambini bolognesi che si erano esibiti precedentemente e che desideravano farlo ancora, per cantare sì, ma questa volta... in coro.

Nell'anno 1963 nacque così il Piccolo Coro. Piccolo perché i bambini erano pochi; piccolo perché i bambini che ne facevano parte avevano tra i tre e i dieci anni.

L'intuizione di Mariele generò il Piccolo Coro, che sarebbe divenuto il suo gioiello più prezioso, qualcosa a cui dedicare tutta la vita, un figlio da presentare con orgoglio e fierezza, qualcuno da proteggere e amare sempre.

Coro, coro, caro coro
coro tutto solo
coro senza coro...
coro, coro, caro coro
guarda: ho preso il volo
ed ecco fatto il coro...
... Coro, coro, caro coro
è meglio con il coro
che cantare solo...
Se si canta non c'è noia
ma cantare in tanti
certo dà più gioia...
Coro: un'unica parola
tante, tante voci
unite in una sola...

Coro insieme, punto e basta!
Cala tanta pasta che mangiamo in coro!

Coro, caro coro, Zecchino d'Oro 1984

IL PICCOLO CORO: LE SUE REGOLE

Quando un bambino entrava a far parte del Piccolo Coro era sempre una gran festa. Le «nuove piccole colonne» rappresentavano il futuro del coro, un altro tentativo di sconfiggere il tempo, poiché il coro sembrava ed era sempre giovane.

Arrivavano così bimbetti di tre, quattro, cinque anni e tutti coloro che ruotavano attorno a Mariele s'inteneriva-no, li accarezzavano con dolcezza, sorridevano.

A qualcuno veniva voglia di giocare con loro e di fare qualche scherzo. Anche Mariele era tra questi. Riconosceva e raccoglieva gli sguardi furbetti dei piccoli e subito faceva loro intendere di avere compreso: lei sarebbe stata un'inflessibile maestra di canto, ma avrebbe sempre tenuto conto di quei primi incontri, di quella prima promessa di condivisione.

Al momento in cui i bimbi meno se lo aspettavano eccola pronta a fare un girotondo, a fare uno sberleffo, a lanciare una battuta spiritosa a cui facevano seguito altre che i piccoli porgevano come risposta.

Il clima di serenità sapeva ridimensionare il mondo della televisione, dei dischi, degli incontri con personaggi importanti, importantissimi. I bambini del Piccolo Coro erano liberi e la loro libertà di persone in continua crescita era garantita da Mariele, la quale senza grandi proclami ridimensionava a esperienza quotidiana tutto ciò che avrebbe potuto «dare alla testa».

Quando i bambini entravano nel coro, i loro genitori ricevevano un semplice foglio battuto a macchina da Mariele, in cui venivano ricordate poche ma precise regole, le quali dovevano essere scrupolosamente rispettate. I genitori si impegnavano, a nome dei loro figli, a vedere nel coro un'espressione di vita comunitaria, in cui ognuno doveva rispettare gli altri e la propria importante realtà di genitori del Piccolo Coro.

Leggendo le parole del regolamento che segue verrebbe da chiedersi: e se questo non fosse stato rispettato? Se qualche regola fosse stata trasgredita, cosa avrebbe fatto Mariele?

Mariele era severa, ma non chiusa alla comprensione delle difficoltà degli altri; viveva su questo pianeta e sapeva bene che a volte la buona volontà non poteva bastare. Perciò, quando si verificava qualche trasgressione alle regole, ascoltava, cercando di comprendere.

Certamente Mariele non avrebbe però mai potuto accettare qualcosa o qualcuno che danneggiasse costantemente il Piccolo Coro nella sua realtà di comunione di cuori e di «gole». Insomma i genitori che non avevano vera volontà di collaborare erano destinati a non poter vivere «la vita» del coro, poiché si escludevano da soli.

Quasi sempre non era necessario che Mariele dicesse niente: capivano da loro e prendevano altre strade... Mariele ne prendeva atto; in lei rimaneva un po' di malinconia per quei bambini che non avrebbero più potuto fare quella bellissima esperienza; non li avrebbe comunque dimenticati.

Quando Mariele si recava fuori Bologna, in Italia o all'estero, per i suoi concerti, spesso sentiva questi commenti: «Brava! Bravissima! Ma quelli del coro sono bambini scelti, vero? E le famiglie, anche le famiglie devono essere particolari, vero? I bambini dovranno essere educati in un certo modo e poi dovranno essere belli, ben vestiti... insomma dovranno essere bambini un po' speciali, o no?».

«No – rispondeva Mariele – o per meglio dire sì, bambini un po' speciali ma in un senso un po' speciale ».

Come far capire che cosa significava far parte del Piccolo Coro?

Il Piccolo Coro era un modo di pensare la vita, era un modo di essere.

Alla base del Piccolo Coro vi erano delle regole precise, sulle quali però non bisognava giurare e che non potevano essere raccolte in un foglio in fondo al quale mettere la propria firma.

L'adesione al coro doveva essere qualcosa che riguardava il cuore, il proprio spirito.

Nel Piccolo Coro vivevano assieme i figli dell'industriale e quelli della colf; i figli di persone molto colte e quelli di persone che avevano potuto frequentare poco la scuola; il tutto in semplicità, senza che nessuno sentisse il bisogno di parlarne o notasse nessuna differenza. I bambini del Piccolo Coro erano tutti uguali, sempre.

Nel Piccolo Coro ogni religione veniva rispettata; non importava in quale modo i bimbi chiamassero Dio: l'importante era che fosse garantito loro il diritto di conoscerlo. Ecco che allora bambini di fede cattolica, musulmana, ebraica ecc. cantavano insieme e nessuno chiedeva all'altro in quale Dio credesse.

Certamente far parte del Piccolo Coro significava credere alla pace, alla solidarietà, alla tolleranza, alla collaborazione per la costruzione di un mondo migliore. Far parte del Piccolo Coro significava divenire portatori di gioia e di amore, testimoni di un modo di vivere che spesso gli adulti dimenticano.

Canta che la vita
che la vita è bella,
bella come il sole
che ogni giorno c'è...

... Evviva noi!
Noi amici che cantiamo
noi!
Noi che ci vogliamo bene
noi!
Noi bambini senza guerra...
pace in terra!

Evviva noi, Zecchino d'Oro 1983

Cantare nel Piccolo Coro comportava anche delle regole che riguardavano la vita di ogni giorno.

Per cantare bene occorreva studiare e per studiare occorreva avere tempo per provare; per avere tempo per provare occorreva organizzare quest'ultimo, senza sprecarlo in altre cose.

La scuola veniva prima di tutto. Mariele non avrebbe mai permesso che un bambino tralasciasse i suoi impegni scolastici; anzi, i bimbi del suo coro dovevano essere i migliori, non dovevano permettere che qualcuno pensasse nemmeno minimamente che volevano diventare dei piccoli divi ignoranti e presuntuosi.

Canta che il lavoro
che il lavoro è d'oro,
d'oro se un bel coro
tutti ci unirà!...

Canta andando a scuola,
che la scuola è la luce,
luce che ti accende
mille verità!

Evviva noi, Zecchino d'Oro 1983

Mariele chiamava «scuola» anche le ore che ogni giorno venivano dedicate allo studio delle canzoni, quando i coristi si recavano in una bella aula spaziosa all'interno dell'Antoniano e sedevano in banchi. Tra la scuola «normale» e la scuola del Piccolo Coro ai bambini non rimaneva tempo per altre attività. Ecco comparire allora la rinuncia: ciao alla piscina, ciao alle partite di calcio, ciao alla danza, ciao al tennis, ciao a..., ciao a..., ciao a...

Su questo Mariele era irremovibile: far parte del Piccolo Coro era un impegno serio, una promessa fatta a se stessi e agli altri. Inoltre i bimbi del Piccolo Coro dovevano essere consapevoli che prima, durante e dopo i concerti tutti stavano a osservarli, aspettando da loro una testimonianza di gioia, di educazione, di rispetto.

La gente che li guardava aveva i lucciconi agli occhi... Non avrebbe più voluto lasciarli andar via.

Poi, dopo i saluti, il ritorno a casa. «Come siamo andati, Mariele? Ci dica, signorina Mariele, non ci faccia aspettare...».

Ecco che allora Mariele applicava un suo sistema che i bambini conoscevano bene:

zero crocette = disastro totale
una - due - tre crocette = dal maluccio al così così;
quattro crocette = bene;
cinque crocette = eccellente;
cinque crocette sottolineate = «bravissimissimi», mitici.

Quando le crocette erano cinque e sottolineate si sentivano urla festanti provenire dai pullman, berretti e cuffie venivano lanciati in aria: «Evviva noi, siamo forti, fortissimi! Evviva, evviva...!».

La gioia diveniva incontenibile e l'entusiasmo contagioso; la gente che osservava dall'esterno non si capacitava di quella festa e si chiedeva pensosa quale regalo Mariele avesse fatto loro o quale promessa di doni fantastici.

Nessuno, se non forse pochissime persone, avrebbe potuto comprendere la sensazione di pienezza e di conquista che una crocetta in più sapeva regalare. Una crocetta in più, un bravo di Mariele; una stretta di mano di Mariele «da artista ad artista», da «persona seria a persona seria».

Le note e il coro del mare
in un concerto d'amore,
silenzi, voci e colore
per dir la gioia e il dolore.

Cantano, cantano:
tutto il creato,
dicono, dicono:
Dio sia lodato,
ridono piangono
giorno per giorno con gli uomini.
Uomini
su questa terra bellissima
cantano
l'inno di chi li creò...
Li creò...

I fiori d'ogni stagione,
coi frutti, gli alberi e il grano,
ringrazian nostro Signore
che è il primo seminatore...

I bimbi dell'Antoniano
in coro fanno un bel dono,
manciate d'oro e di grano

che han già profumo di pane
per quelli che hanno fame.
Non carità ma amore
a piene mani.
Santo Francesco questo lo sa.
Cantano l'inno di chi li creò...

Il coro del creato, sigla Zecchino d'Oro 1989

PUNTUALITÀ:

Va osservata rigorosamente e sempre

FREQUENZA:

Non si può assolutamente mancare né alle lezioni, né ai concerti, né alle trasmissioni televisive. A maggior ragione non si può mancare alle registrazioni discografiche.
Normalmente le lezioni si tengono tre volte alla settimana. In certi periodi (...) la scuola può essere quotidiana. Il sabato a volte è impegnato per le prove di insieme, mentre alcune domeniche e feste infrasettimanali vengono utilizzate per i concerti e le registrazioni discografiche.
(...) Non si può stabilire un calendario che valga per tutto l'anno perché bisogna conciliare i diversi orari della dottrina, della scuola, delle trasmissioni televisive e delle registrazioni discografiche. È per questo che bisogna tenere ben presente che – a parte la dottrina – i bimbi del Piccolo Coro non possono avere altri impegni. Il nuoto, la danza, la ginnastica, lo studio di uno strumento musicale, sono tutte cose bellissime ma inconciliabili con gli impegni del Piccolo Coro.
Chi entra nel Piccolo Coro deve pensare di far parte di una grande famiglia dove ognuno agisce per il bene di tutti. Facendo parte di un gruppo, a volte è necessaria qualche rinuncia: gite di fine settimana, feste di compleanno, gite scolastiche, parti principali nelle recite scolastiche ecc. possono coincidere con registrazioni, incisioni discografiche, concerti e lezioni particolarmente importanti, tutte cose alle quali i bambini non possono assolutamente mancare.

PER I BAMBINI DEL PICCOLO CORO

Firmato Mariele

PAROLE DELLE CANZONI:

Le parole delle canzoni vanno studiate presto e bene, senza errori di pronuncia, e vanno studiate recitandole come una poesia, senza cantare.

Sapere le parole delle canzoni presto e alla perfezione vuol dire risparmiarsi alcuni giorni di scuola; soprattutto vuol dire non far perdere tempo ai bambini diligenti che le studiano bene.

SOLISTI:

Nel Piccolo Coro si entra come «coristi» e non come «solisti». È una caratteristica del Piccolo Coro che quasi in ogni canzone alcune frasi siano affidate a uno o più solisti. Fare il «solista» non vuol dire necessariamente essere «più bravo degli altri».

È più difficile, infatti, cantare come «corista» che come «solista».

Si può essere una «colonna» del Piccolo Coro per tanti anni senza mai fare una parte del «solista».

VACANZE:

La scuola del Piccolo Coro apre il 1° settembre e chiude l'ultima domenica di giugno.

In luglio e agosto le attività del Piccolo Coro sono sospese.

Seconda Parte

Mariele e i suoi ideali

MARIELE E I SUOI IDEALI

Alcuni anni dopo la scomparsa di Mariele, qualcuno chiese a sua sorella: «Mi dica signorina, Mariele era davvero così brava?».

Maria Antonietta non rispose; non le sembrava il caso di dire nulla. Sarebbe stato imbarazzante rispondere. E poi, brava in che senso, in che cosa?

Probabilmente chi aveva posto quella domanda voleva dire: Mariele era davvero una brava persona come tutti raccontano? Forse è giusto cercare di riflettere sul significato dell'espressione «essere una brava persona».

Sicuramente una brava persona è colei che di proposito non fa nulla per far del male agli altri. Ciò non significa che non faccia errori e sbagli ma vuol dire che il suo animo e il suo pensiero sono comunque rivolti al bene.

Questo però non è sufficiente. Per «essere una brava persona» non basta non fare il male; occorre prodigarsi per regalare un po' di aiuto a tutti.

Ciò significa essere veramente liberi, liberi di scegliere il bene.

La brava persona possiede una naturale cordialità nei confronti del mondo; è disponibile e attenta a ciò che le sta intorno; è cosciente che gli uomini devono viaggiare in cordata alla conquista della vita.

Mariele voleva bene alle persone, con attenta sensibilità cercava di comprenderne sentimenti e aspettative. Non amava entrare in contrasto con nessuno; preferiva dialogare e cercare il confronto anche con coloro che avevano opinioni fortemente discordi dalle sue.

Non pretendeva di avere sempre ragione, però era pronta a pretendere attenzione e rispetto quando si parlava di valori importanti, sui quali non si poteva scherzare, soprattutto se riferiti al Piccolo Coro o ai bambini in generale. Non avrebbe mai accettato, ad esempio, di far eseguire al Piccolo Coro una canzone dei quali contenuti non fosse stata convinta.

Quando vedi che un bambino,
tra gli amici tuoi
se ne sta in un angolino
e non ride mai,
rimane lì tutto solo
e, triste in viso,
non prende il volo
verso il cielo del sorriso
che giocare lieti fa...
Vai! Vai... Corri, dai!
Se gli canti «l'allegria»
la tristezza se ne andrà
e il sorriso troverà
per cantare insieme a te
in beata compagnia
sempre...

L'allegria, Zecchino d'Oro 1989

Le canzoni per bambini dovevano rimanere tali; non erano ammesse nemmeno quelle che, grazie ad abili espedienti, potevano sembrare solo canzoni più moderne, più di tendenza. Allora Mariele era pronta a dire no.

C'era chi cercava di convincerla, di farle capire che il mondo stava cambiando, che bisognava aggiornare parole e sentimenti; c'era chi le faceva notare che la televisione aveva le sue esigenze e che lo spettacolo richiedeva che anche i bambini recitassero un po'. Mariele riconfermava il suo no e, senza che lei dovesse alzare la voce o rivolgersi sgarbatamente a qualcuno, tutti coloro che le erano di fronte comprendevano che la partita era chiusa, che quella piccola donna non avrebbe mollato mai.

Spesso qualcuno stemperava il clima un po' teso con un sorriso di resa, dicendo: «Tu, Mariele sei sempre d'accordo con le tue opinioni, non c'è dubbio...».

Mariele era così: coerente con se stessa, onesta e franca con tutti.

Questa semplice armonia
se cantata con amor,
scaccia la malinconia,
e la rabbia dal tuo cuor
fugge e non ritorna più.
Canta...

L'allegria, Zecchino d'Oro 1989

La falsità non le apparteneva, anche se a volte le sarebbe convenuto fingere almeno un po', far finta di non aver capito. Nonostante ciò, anche Mariele non era perfetta; credeva però che l'uomo dovesse provare a incamminarsi verso la via della perfezione, senza per questo ritenersi un «signor so tutto» per niente indulgente con se stesso e con gli altri.

Insomma Mariele era sicuramente una brava persona, senza essere però «una prima della classe» e «una signorina dal becco in su». Era troppo impegnata a faticare ogni giorno, per avere la pretesa di insegnare a vivere agli altri. Chi la incontrava però si rendeva conto che aveva un qualcosa in più che arrivava dritto al cuore: la forza della donna di fede.

Ma chi l'ha detto che bisogna essere clarini
per fare musica?
Ma chi l'ha detto che ci vogliono i violini
a dar la voce agli angeli?
Anche un trombone lo può fare
è del tutto naturale
nonostante quelle note troppo giù.

Ma chi l'ha detto che non vengano dal blu!
Ma chi l'ha detto che non salgano più su!

Ma chi l'ha detto..., Zecchino d'Oro 1995

Dio

«Voglio chiamarti papà e correrti incontro e stringerti le braccia e farmi sollevare verso il cielo, per non avere più paura, per non piangere mai più».
(M. Giombini, *Salmi del nostro tempo*)

Mariele credeva in Dio, con forza, con fermezza, con profonda convinzione: nessuno avrebbe mai potuto strappare Dio dal suo cuore e dalla sua mente. Fin da bambina, Mariele aveva probabilmente capito che se esisteva era perché Dio lo aveva voluto e che quel dono d'amore doveva necessariamente far nascere altro amore.

Non si ricordano però grandi discorsi in cui Mariele abbia sentito il bisogno di dichiarare a tutti la sua fede, magari attraverso la televisione e i giornali. Avrebbe potuto dire: «Signori, guardate come sono brava! Io credo in Dio, sapete! Tenetelo bene a mente, quando parlerete di me».

Mariele non lo fece mai, ma tutti si accorsero che lei era una donna che aveva fede in Dio. I fatti, la quotidianità, l'impegno appassionato, l'amore per il suo prossimo, la passione per la vita parlavano per lei.

La discrezione e l'umiltà con cui Mariele viveva la sua fede accrescevano sempre più il desiderio delle persone di comprendere quale fosse il suo segreto, quale grande cosa sapesse renderla così gioiosa.

Spesso il suo volto sembrava assumere una luce particolare; chi le era di fronte coglieva questa specie di trasfigurazione e capiva che quella era un'occasione importante per condividere un bene comune, ma assolutamente speciale: l'essere figli di uno stesso Padre.

Mariele amava Dio; il suo non era però un amore improvvisato. Veniva da lontano. Partiva dal cuore di una bambina che si era lasciata guidare alla scoperta e alla conoscenza di un Dio che richiedeva impegno e che non si poteva accontentare di un sì detto ogni tanto, giusto «per tenerlo tranquillo».

Amare qualcuno significa volerlo conoscere. Per conoscere veramente un altro occorre però camminare con lui, ascoltarlo, lasciarlo entrare nel proprio cuore. E questo richiede tempo, fatica, impegno, sincerità con se stessi.

Non si può pensare di amare un po' il Signore: o lo si ama totalmente o non se ne fa niente. Ecco che allora Mariele iniziò da piccola a frequentare il catechismo, a imparare a comprendere il significato del Vangelo e a conoscere la parola del Signore.

Chi trova un amico
possiede un tesoro,
possiede una perla
che prezzo non ha.
E io ho trovato
l'amico migliore
perché ho conosciuto
il cuore di Gesù...!

Chi trova un maestro
impara una strada,
chi trova una guida
più rapido va...
E io ho trovato
il maestro migliore

perché ho conosciuto
il cuore di Gesù...!

È lui che m'insegna
che ho dei fratelli,
m'insegna ad amarli
con sincerità.
Mi dà un cuore nuovo
che ha una scintilla
del fuoco d'amore
del cuore di Gesù...!

L'amore si impara
dal cuore di Gesù
l'amore si impara
dal cuore di Gesù...!

Confiderò nel Signore,
camminerò con Gesù...!
Riposerò sul suo cuor
e lo amerò sempre di più...

Chi trova un amico, «Con San Francesco»,1981

Tutto ciò entrò profondamente nel suo cuore e nella sua mente, fino a trasformarsi in un modo di essere, in un modo di vivere. Insomma, credere in Dio diventò pian piano per Mariele qualcosa di assolutamente indispensabile, come è indispensabile per le persone aprire gli occhi ogni mattina.

Questo non significa però che fosse facile, qualcosa dato per scontato. Mariele aveva capito che il Signore le chiedeva sincerità e assoluta coerenza.

La sua vita, quella di ogni giorno, quella dello studio faticoso, quella dell'incontro con persone non sempre sensibili alle sfumature del suo animo, quella del lavoro duro alla conquista di una canzone ben compresa e interpretata dal Piccolo Coro, doveva trasformarsi in una testimonianza di fiducia in Gesù e nel suo grande amore. Il sorriso che quotidianamente Mariele regalava alla vita era la testimonianza di tutto il bello che può derivare dalla consapevolezza dell'essere amati da Cristo.

Non bisogna credere però che Mariele, ritenendosi una privilegiata, una che aveva capito tutto su Dio, si sentisse a posto, in grado di guidare la propria vita indipendentemente da tutti.

O alto e glorioso Dio,
illumina el core mio.
Dame fede diricta,
speranza certa,
carità perfecta,
humiltà profonda.
Senno e cognoscemento
che servi li toi
comandamenti.
O alto e glorioso Dio,
illumina el core mio,
dame fede diricta,
speranza certa,
carità perfecta,
humiltà profonda.
Senno e cognoscemento
che servi li toi
comandamenti.
Amen.

Preghiera davanti al Crocefisso, «Con San Francesco», 1981

Ogni mattina si recava a messa. Tutto partiva da quello. Ogni sua giornata doveva iniziare con l'incontro profondo con il Signore. La preghiera diventava il modo più diretto per dialogare con Dio. L'accostarsi all'altare per ricevere il corpo e il sangue di Gesù diveniva puro amore, che Mariele portava poi con sé per estenderlo anche a coloro che avevano la fortuna di incontrarla.

Anche quando il Piccolo Coro la portava lontano per concerti in tutto il mondo, Mariele faceva in modo che lei, i bambini e i genitori potessero partecipare alla messa. A volte tutto questo comportava delle levatacce, qualcuno suggeriva di lasciare perdere, per una volta «Dio non si sarebbe certo offeso». Dio forse no, ma Mariele sicuramente sì.

Perciò nessuna esitazione. Tutti pronti, composti, senza far volare una mosca.

Ogni giornata di Mariele si chiudeva poi con la recita del santo Rosario. Una buonanotte regalata al Signore e a Maria.

Dio che finendo non vai mai
Dio tu sei e sempre sarai...
Né bianco né nero ma soltanto vero
né suo né mio ma soltanto Dio...

E mentre io mi sveglio
in Cina ed in Australia vanno a letto
auguri auguri auguri
e qualche sogno d'oro verrà...
Sui monti e sugli oceani
su tutti gli animali e sulla gente
la tua luce eternamente
risplenderà...

Né tuo né mio
ma solo Dio.

Né bianco né nero, Zecchino d'Oro 1992

Certo Mariele ebbe una gran fortuna: incontrò persone che si curarono dell'educazione del suo spirito, che favorirono il suo incontro con Dio.

I suoi genitori prima di tutto; padre Valeriano Ricci, suo primo direttore spirituale; padre Berardo Rossi, per quasi quarant'anni direttore dell'Antoniano di Bologna; padre Stefanino Frau, suo ultimo direttore spirituale.

I suoi genitori, che credevano sinceramente in Dio, si preoccuparono che Mariele avesse la possibilità di conoscerlo appieno, accostandosi ai sacramenti con cuore sincero. Padre Berardo Rossi, con la sua proposta, diede a Mariele la possibilità di cambiare la sua vita, ma fu anche e soprattutto un amico, un padre, un fratello.

Padre Berardo è la persona che ha potuto rendersi conto più da vicino di quanto l'anima di Mariele fosse pura e rivolta con generosità al Signore e al prossimo. Per anni la vide muoversi, attraversare con discrezione i corridoi dell'Antoniano e trasformare un gruppo di piccoli e vivaci bambini in un Coro il cui canto rendeva più bello il mondo, portatore di un'armonia del cuore che nasceva prima di tutto dall'educazione che ogni giorno Mariele comunicava.

Per anni la vide accostarsi all'altare per ricevere l'eucaristia e correre poi verso l'Antoniano colma di un tesoro da condividere. Per anni la vide stravolta dalla fatica prima e dopo lo Zecchino, preoccupata però che tutto andasse bene, che tutti fossero felici.

Per anni ne condivise valori, sentimenti e fede. Poi la vide ammalarsi, soffrire e cercare Dio, più che mai Dio. Padre Berardo accompagnò il suo cammino, fino a consegnarla alle braccia di Dio.

Da un caro amico a un altro grande, insostituibile Amico.

Ecco, il dono del Signore
sono i figli della giovinezza.
È Sua grazia
il frutto del grembo.
Come frecce in mano a un eroe
sono i figli della giovinezza.
Beato l'uomo che ne ha piena
la faretra:
non resterà confuso
quando verrà a trattare

alla porta
con i propri nemici.

Come frecce in mano a un eroe
sono i figli della giovinezza.
Beato l'uomo che ne ha piena
la faretra:
non resterà confuso
quando verrà a trattare
alla porta
con i propri nemici.

Ecco, dono del Signore, singolo 1971

L'AMICIZIA

«Questo è il mio comandamento:
che vi amiate scambievolmente come io vi ho amati.
Nessuno ha amore più grande di colui
che sacrifica la sua vita per i suoi amici».
(Gv 15,12-13)

Mariele ebbe tanti amici, forse molti di più di quelli che lei stessa avrebbe mai potuto immaginare. I concerti, la televisione l'avevano catapultata in ogni parte del mondo, ed entrando nelle case di tanti aveva creato comunione di spiriti, d'intenti.

Ancora oggi, otto anni dopo la sua morte, coloro che lavorano all'interno della Fondazione Mariele Ventre si rendono sempre più conto di quante persone si considerino amiche di Mariele, magari senza averla mai incontrata. Parliamo, ad esempio, di una ragazza senese che trascorse la sua infanzia e adolescenza confidando in Mariele, nella forza che lei sapeva infonderle. Le due non si incontrarono mai, eppure seppero «tenersi compagnia», «guardandosi» con gli occhi del cuore.

Parliamo poi di una signora non vedente che per anni inviò lettere a Mariele. A lei, ogni sera Mariele dedicava un pensiero e una sorridente telefonata.

E che dire di un'altra giovane, alle prese con grandi difficoltà nella vita quotidiana: Mariele l'ascoltava e le parlava, regalandole la certezza che tutto sarebbe andato per il meglio.

Considerarsi amici di Mariele era ed è un privilegio, qualcosa che rende più leggero il cammino della propria vita. A volte, amici personali di Mariele sono poi divenuti amici tra di loro, legati da una speranza, da un ideale, da una fede comune. È il caso di due ragazze dal medesimo nome, Roberta, che vivono entrambe a Milano, della vigilessa Marzia, di Fabrizio il torinese e di sua moglie Maria Rosa.

Anche dopo la sua morte Mariele ha continuato a tessere amicizie, quasi incastrando le tesserine di un mosaico davvero unico.

Un'amica di Mariele sta male, nella sua vita non esiste più speranza e fiducia... Telefona a Marzia e questa condivide le sue lacrime, le regala abbracci e sostegno: diventa una certezza.

Essere amici di Mariele fa questi scherzi: se si accetta la sua sfida, l'impegno verso gli altri diventa inevitabile.

Gli amici di Mariele sono molti, moltissimi. Spesso abitano a chilometri di distanza l'uno dall'altro, ciascuno di loro impegnato nella propria vita di ogni giorno, piccoli puntini che sembrerebbero destinati a non incontrarsi mai. Ma a volte il destino (o per meglio dire Mariele) si diverte a farli incontrare, dando loro l'opportunità di «vincere» per un poco lo spazio e il tempo, regalando una conoscenza reciproca profonda, a volte inspiegabile.

Forse tutto questo accade perché gli amici di Mariele «sanno riconoscersi» e sono legati da qualcosa di molto importante: la fede nella vita. Ecco allora che da Acerra, provincia di Napoli, arriva una famiglia composta da mamma, papà e una bambina. Annalisa non ha potuto conoscere direttamente Mariele, non le hai mai parlato, ma ha imparato a coglierne attraverso il televisore lo sguardo dolce, appassionato e la «promessa d'amore» aperta e leale racchiusa in un semplice sorriso.

Mariele torna dal Signore, ma la famiglia di Annalisa sente che deve venire a Bologna a raccontare tutto il suo amore per lei, a conoscere i luoghi dove ha vissuto, a parlare con sua sorella e con quelli che le hanno voluto bene.

Venite tutti ce ne andiamo insieme –
noi noi noi noi.
Così scopriamo dove corre il mondo –
noi noi noi noi.
Se siamo amici dai prendiamoci per mano –
noi noi noi...

Noi noi noi – credendo nella vita
Noi noi noi – avremo buona sorte
Noi noi noi – nel mondo più felice che verrà...

Noi Noi Noi, Zecchino d'Oro 1988

Da Napoli è possibile correre poi in Val d'Aosta, là dove le montagne si stagliano alte e imponenti nel cielo, come a volerci ricordare la grandezza di Dio Creatore. Ad Avise, piccolo borgo non molto lontano da Courmajeur, troviamo Maurice, sindaco del paese in cui un giorno Mariele passò per ascoltare il canto di un coro di bambini. Nasceva il coro Les enfants de Gran Paradise e Mariele lo teneva a battesimo, incoraggiandolo a cantare.

Il coro non ha dimenticato quella promessa e all'amico Maurice si velano gli occhi quando ricorda i giorni in cui Mariele soggiornò nella valli aostane. È modesto Maurice e non vuole riconoscimenti, non vuole dire di più. Maurice è di poche parole e non racconta con quanta passione ha seguito il coro nel suo crescere, nel suo migliorare. Anche lui ha compreso che il messaggio di Mariele va oltre la musica, oltre i confini geografici e oltre le culture.

Esistono poi gli amici che hanno condiviso la quotidianità di Mariele: sono, nell'ordine alfabetico, Arnalda, Berardo, Gabriella, Giovanna, Lidia, Liliana, Luigi, Maria, Marisa, Pia e tanti, tanti altri ancora, un filo che conduce indietro nel tempo, legando per sempre cuori e pensieri.

Mariele li amava tutti e stava in pena per loro quando sapeva che avevano problemi.

Maria Antonietta racconta di quando Mariele apprese della morte del suo amico paroliere Luciano Beretta. Anche lei era già ammalata e quando la sorella la vide ricomparire dopo una lunga telefonata, completamente sconvolta e con lacrimoni sul viso, temette che qualcuno l'avesse informata delle sue vere condizioni.

Ma Mariele stava piangendo per Luciano, per la morte del suo caro amico e autore di canzoni indimenticabili. Era inconsolabile e i suoi singhiozzi erano la testimonianza di un affetto purissimo che nemmeno la morte poteva cancellare.

Io ti darò
quel che ho.
Tu mi darai
quel che hai...

La solitudine è
pensare solo per sé
e io darei non so che
pur di restare con te...

Io darei non so che, Zecchino d'Oro 1989

Un momento atteso tutto l'anno dagli amici di Mariele era il saggio del Piccolo Coro.

In quell'occasione Mariele invitava amici vecchi e nuovi, a ognuno dei quali inviava un bellissimo cartoncino colorato con una foto del Piccolo Coro e una scritta: «Lei non deve assolutamente mancare al saggio del Piccolo Coro...!».

Ricevere quell'invito era qualcosa di molto prezioso, perché donava la certezza di essere nel cuore di Mariele, anche se fisicamente lontani mille miglia. La sera del saggio gli amici conoscevano altri amici, in una comunione di affetti veramente speciale.

Poi tutti zitti: le luci si spegnevano, il sipario piano piano si apriva, fino a regalare l'immagine dei bambini, tutti colorati nelle loro divise estive, e quella di Mariele, che sprizzava gioia ed energia da tutti i pori.

Allora ogni altra cosa veniva dimenticata. Anche se si era stipati in una sala che pur ampia non bastava a contenere quella folla, anche se faceva caldo e sembrava di essere divenuti delle stufette accese, anche se non tutti avevano un posto a sedere.

L'importante era esserci e condividere quell'esperienza.

Com'è bello avere un mondo di amici
solo amici tutti in pace
dentro il coro della vita cantare
mille voci una voce...

Con un passo con due passi fai chilometri
con un giorno con due giorni fai l'eternità
mischia polvere di stelle con rugiada blu
e così vedrai che arcobaleno farai tu...

Solo amici tutti in pace
mille voci una voce
per cantar...
Mille voci!

Mille voci, Zecchino d'Oro 1987

La carità

«Quand'anche io parlassi le lingue degli uomini e degli angeli, se non ho la carità, io sono un bronzo che suona o un cembalo che squilla. E se avessi il dono della profezia e conoscessi tutti i misteri e tutta la scienza e avessi una fede tale da trasportare le montagne, se non ho la carità, io sono un niente».
(1Cor 13,1-2)

Ogni giorno Mariele si recava al lavoro come molte persone di questo mondo. Chi la incontrava per strada riceveva un sorriso e un buongiorno e la vedeva poi incamminarsi veloce verso la sua meta.

Nessuno avrebbe mai potuto immaginare quanta carità si nascondesse in quella sua figuretta. Il segreto di Mariele e la sua capacità di affascinare chiunque l'avvicinasse erano riposti nella disposizione del suo animo a farsi carità per gli altri, anche quando questi espressamente non le chiedevano niente.

Questo era il segreto: comprendere i bisogni, le attese, le angosce, le speranze delle persone e donare loro tutto quanto si poteva e anche di più. Se carità vuol dire amore e se amore significa donare senza badare al un proprio interesse e alla propria ricchezza anche materiale, si può sicuramente affermare che Mariele era donna di grande carità.

Parecchie sono le persone alle quali durante la sua vita ha dato aiuto, per amore, solo per amore.

Perché l'Amore è il solo motore
per superare le nostre paure
per far aprire le serrature
a tutti quelli che han chiuso il cuore...

Perché l'Amore è il più grande motore
per imparare a vivere insieme
per cancellare il male col bene
e dagli atlanti ogni confine.

Il più grande motore, Zecchino d'Oro 1991

È bene sottolineare che lo Zecchino d'Oro non arricchì Mariele, per lo meno non dal punto di vista materiale. Certo non le mancava nulla, la sua famiglia non lo avrebbe mai permesso.

Ma chi immagina che fosse una specie di principessa, circondata da forzieri d'oro e da sete preziose, sbaglia di certo.

Mariele visse sempre una vita modesta e semplice, nonostante amasse le cose belle e di un certo gusto. La sua camera da letto sembra testimoniare tutto questo: un lettino simile a quello di una bambina; un'immagine della Madonna appesa sopra la testata; un comodino con alcuni libri di preghiera; pupazzi in panno raffiguranti i bimbi del Piccolo Coro vestiti con la loro prima divisa e una finestra rivolta al verde di uno splendido albero del giardino di casa.

Padre Berardo, che per tanti anni la vide muoversi all'Antoniano, può senz'altro testimoniare come Mariele abbia aiutato materialmente tante persone, che le devono la propria serenità attuale e quella della propria famiglia, con interventi importanti, spesso molto prolungati nel tempo, anche in denaro sonante. Mariele desiderava che nessuno sapesse di questi suoi aiuti e lasciava il contatto diretto con coloro che dovevano riceverli ai frati dell'Antoniano.

Inoltre sapeva confortare anche spiritualmente; sembrava sapesse leggere nel cuore e i suoi consigli, le sue telefonate, le sue lacrime di condivisione sono rimaste nell'animo di tutti coloro che hanno avuto la fortuna di riceverli.

Nel fiume l'acqua veloce va...
e mille barche van
veloci verso il mar...
La mano del mio buon Signor
le spinge verso il mar,
mille barche van verso il mar...

C'è nelle barche un tesor
un gran tesoro dentro c'è
questo tesoro è la bontà...

In fondo al fiume c'è una città
e dentro la città
il mondo tutto sta...
Che ha bisogno della bontà
e chiede aiuto anche a me...

Io pure un chicco di bontà
io pure un chicco butterò
se passa una barca vicino a me...

Le barche della bontà, Zecchino d'Oro 1992

LA SOLIDARIETÀ

Un giorno Mariele decise che lo Zecchino d'Oro dovesse regalare non solo canzoni e sorrisi, ma anche aiuti materiali a chi ne aveva grande bisogno, in qualsiasi parte del mondo si trovasse. Ecco che allora nacque «Il fiore della solidarietà» dell'Antoniano.

Era l'anno 1991; padre Berardo racconta che Mariele aveva comunicato la sua proposta al dottor Stefano Vai della casa editrice Rizzoli e gli aveva chiesto aiuto concreto.

«Va bene – aveva risposto il dottor Vai – ci organizzeremo, penseremo a qualcuno da aiutare».

«Stefano – aveva ribattuto Mariele – tu vuoi cercare di risparmiare rimandando a domani. Telefoniamo a padre Rigon, vedrai che nella sua missione c'è qualcosa da fare subito e vedrai che lui ci metterà in condizione di farlo».

«E dove sta questo padre?».

«Sta in Bangladesh».

«Ah! Di là dall'uscio!...».

Tutti sorrisero, però Mariele volle subito organizzare la telefonata, non voleva «perdere» altro tempo.

E così nacquero la scuola di Shelabunia e poi di piccoli villaggi, centri per l'infanzia, ospedali, asili, ambulatori in varie parti del mondo.

Quello che Mariele non poteva sapere era che, a causa della sua morte prematura, molti di essi sarebbero stati intitolati a lei e avrebbero portato così il suo nome. Un po' di Mariele, insomma, raggiungeva così varie parti del mondo.

Se io avessi una botteguccia
fatta di una sola stanza
vorrei mettermi a vendere
sai cosa?
La speranza.
Speranza a buon mercato
per un soldo ne darei
ad un solo cliente
quanto basti per sei.

E alla povera gente
che non ha da campare
darei tutta la mia speranza,
senza farla pagare.

Speranza, «Canzoni di Primavera», 1994

La fraternità

Nel 1976 lo Zecchino d'Oro divenne internazionale. La conoscenza del francese e dell'inglese fu molto utile a Mariele, ma soprattutto le fu utile la sua dolce e ferma psicologia.

Divenne una cosa mitica il fatto che in tre giorni insegnasse a cantare in perfetto italiano a bambini russi, giapponesi, finlandesi, egiziani ecc. Mariele stabiliva subito con i bimbi stranieri un particolare rapporto fatto di sorrisi e di sguardi complici che sapevano parlare al cuore, là dove il linguaggio può divenire universale. Li accarezzava, faceva loro l'occhiolino, creava con le sue magiche mani delle danze che sapevano incantare. Così rimanevano bimbi stranieri, ma che si sentivano in casa propria.

I bambini di altri paesi le comportavano molto lavoro ma le davano anche la possibilità di donare, specialmente a chi non era abituato a ricevere o viveva in situazioni di grande povertà materiale. L'Uganda, il Burundi, le Seychelles, la Romania, la Polonia, l'India inviavano spesso bimbi le cui famiglie erano in difficoltà.

Io ti prendo per la mano
cerco un amico, quello sei tu...
Tu mi guardi, mi sorridi,
hai già capito, parli con me...

La tua lingua non è facile
ma ascoltando la imparerò...
Il tuo nome, la mia casa
son contenta: giochi con me...

Parla tu che parlo io, Zecchino d'Oro 1986

Mariele li prendeva subito sotto la sua ala protettiva, sembrava volesse regalare loro in pochi giorni tutto ciò a cui avrebbero avuto diritto. Parliamo di pace, serenità, cibo, casa, tranquillità, scuole, famiglia.

In realtà regalava loro una canzone e una speranza di vita da trasformare in realtà quotidiana nei paesi d'origine.

Mariele manteneva i contatti con loro attraverso lettere, telefonate e qualche «pazzo» viaggio dall'altra parte del mondo, organizzato apparentemente per turismo, ma in realtà per ritrovare i suoi protetti. Eccola allora arrivare alle Seychelles, alla casa di Antoinette, che abita in mezzo alla foresta, eccola parlare con la sua mamma, vestita di abiti a fiori, persa in un cielo dall'azzurro intensissimo. Antoinette, che quando arriva il momento in cui Mariele deve ripartire, le mette le braccia al collo, la stringe forte forte e non vuole lasciarla andare più.

Ed ecco Mariele piangere e disperarsi perché si sono perse le tracce di Valère, bambino del Ruanda, paese in preda a una terribile guerra civile. Poi il miracolo: dopo alcuni anni qualcuno fa sapere che purtroppo i genitori di Valère sono morti ma che lui è vivo. Mariele è già molto ammalata; non ci crede, pensa che sia solo un espediente per regalarle un po' di gioia; arrivano però le prove che lui sta bene e lei, ancora incredula, regala a tutti un sorriso e un grande grazie a Dio.

Questi piccoli fratelli di altri paesi la cercheranno sempre e non la scorderanno.

Come Karolina, bambina polacca, interprete della canzone *Su mettiamoci a ballare*, alla quale Maria Antonietta deve dare al telefono la notizia della morte di Mariele.

«Vorrei parlare, Mariele, per favore».

Risposta di Maria Antonietta: «Non è possibile, proprio non è possibile...».

«Io volere Mariele – ribatte Karolina – per favore, parlare con lei, un minuto».

Alla fine Maria Antonietta deve dirle che Mariele non c'è più, che è in paradiso.

Ecco che allora dall'altra parte del telefono la ragazzina scoppia un pianto inarrestabile, inconsolabile.

«Ciao amico, ciao, ciao, ciao!
Ciao amico, ciao ciao ciao!
Se lo dici con il cuore
vuole dire affetto e amore
dimmi ciao!

Dico ciao al bimbo indiano,
al cinese e all'australiano,
al negretto e all'inglese,
al tedesco e all'olandese.

Allo svizzero e al francese,
a chi vive in Lussemburgo,
in America e nel Belgio
mando a tutti il mio messaggio:
«Non ti scordar ti aspetto
come il fiore sboccia a maggio...
Non ti scordar ti aspetto!».

Ciao amico, ciao, ciao, ciao...
se lo dici con speranza
vuole dire fratellanza
dimmi ciao!
CIAO! CIAO!!!!

Ciao, Amico, Sigla Zecchino d'Oro dal 1976 al 1986

Ora Karolina, ragazza diciannovenne, torna ogni due anni in Italia insieme ai suoi genitori, tutti ospiti nella casa di un altro ex bambino italiano che partecipò insieme a lei allo Zecchino.

Prima di raggiungerlo, però, è d'obbligo la tappa a Bologna: una visita al cimitero con una splendida composizione di fiori tutta per Mariele, una raccolta preghiera sulla sua tomba e un salto alla Fondazione Mariele Ventre. Qui Karolina suona il piano su cui Mariele aveva studiato, con delicatezza accarezza i tasti, con le lacrime agli occhi vuole rivedere filmati del suo magico incontro con lei.

È bella Karolina, specie quando cerca di tradurre ai suoi genitori ciò che quelli della Fondazione vanno dicendo, e viceversa. È bella Karolina, quando con i suoi occhi azzurri ti guarda schiettamente e dice che è ingiusto che la sua amica e maestra se ne sia andata troppo presto. È bella Karolina quando cerca la mia mano per condividere le immagini di quei giorni, quando sembrava che Mariele avrebbe potuto sfidare il tempo e rimanere sempre con noi. È bella Karolina, quando, prima di uscire, vuole farsi scattare una fotografia con quelli della Fondazione e ci dice che vuole venire in Italia e stare con noi e lavorare insieme a noi...

È proprio bella.

Se ne va l'estate mentre
mentre il sole scalda ancora
noi lo salutiamo
prima che diventi neve.
L'ultima cicala
si è nascosta chissà dove...

Quest'inverno
sciarpa, guanti, bavero rialzato
con le caldarroste

noi ci scalderem le mani
ma per ora è festa
il resto si vedrà domani...

Balla la bella polka
che viene da Opoczno
che ci farà saltare
che ci farà saltare...
Insieme grandi e piccoli
su mettiamoci a ballare...

Mettiamoci a ballare, Zecchino d'Oro 1989
Interprete Karolina Olczedajewska

La laboriosità

Mariele fu per tutta la vita una grande lavoratrice; non sarebbe mai riuscita a rimanere dieci minuti senza far nulla. Era più forte di lei.

La sua giornata cominciava prestissimo ed era pressappoco organizzata così:

- sveglia alle cinque (proprio così, non avete letto male) per organizzare la giornata della famiglia (programmava la cucina, fissava per sé e per gli altri tutti gli appuntamenti familiari, stabiliva la tabella di marcia delle collaboratrici domestiche), per sbrigare la corrispondenza, per preparare spedizioni, relazioni ecc. per gli uffici dell'Antoniano.

- Alle nove messa nella chiesa di Sant'Antonio, spesso accompagnandovi la mamma.

- Camminata fino all'Antoniano, dove affidava alle sue amiche della segreteria «il compito» del giorno e dove riceveva persone e ascoltava pezzi (in sala di registrazione).

- Ritorno a casa e pranzo.

- Da metà pomeriggio fino alle venti le lezioni del Piccolo Coro, frazionato nelle varie categorie: *alti*, *bassi* e *bassoni*, fra *nuovi*, *vecchi* e *vecchioni*.

- Ritorno a casa dove, dopo cena, Mariele si teneva uno spazio per sé, prima di unirsi ai suoi per guardare un po' di televisione, anche se spesso tanta era la stanchezza che lei finiva per addormentarsi.

In questo schema di ogni giorno si inserivano le occasioni speciali del lavoro, come quelle dello Zecchino d'Oro, delle altre trasmissioni televisive, delle registrazioni di dischi, delle uscite del Piccolo Coro.

In tutta la sua vita Mariele non delegò mai la direzione del Piccolo Coro a nessuno. Stanchezza, malattie, sofferenze, niente sembrava poterla fermare. Nulla poteva essere tralasciato, non perché Mariele pensasse di essere insostituibile, ma perché il suo senso del dovere era forte e le imponeva di superarsi, anche quando chi le stava accanto consigliava un periodo di riposo.

Il lavoro di ogni giorno generava poi altro lavoro: in una catena di collaborazione che si chiamava Antoniano.

Teresina formichina
si alza presto la mattina,
quante cose deve fare...
Riposare mai non può!

Corre qui... corre lì...
Sempre in moto tutto il dì!
Chi lo sa... Chi lo sa...
Tutto il giorno cosa fa!...

La Teresina, Zecchino d'Oro 1976

Anche le vacanze annuali di Mariele erano vacanze speciali. L'attività del Piccolo Coro era sempre sospesa nei mesi di luglio e agosto. Mariele organizzava i sessanta giorni disponibili con la consueta precisione.

Un mese in giro per l'Italia all'ascolto dei bambini che avrebbero voluto partecipare allo Zecchino d'Oro: una grande fatica. Poi un mese di libertà, nel quale Mariele si rifugiava in Sardegna, in un appartamento di proprietà della sua famiglia.

Quando le riusciva, prima di andare in Sardegna, passava qualche giorno anche in Basilicata, nei paesi d'origine dei suoi genitori, o a Montorso di Pavullo, nell'Appennino modenese, parrocchia dove tutti la conoscevano ed erano fieri di considerarla «cittadina onoraria». Una volta, sul sagrato della chiesa di Montorso, a furor di popolo, Mariele dovette persino dirigere la banda musicale.

Ma il lavoro non veniva dimenticato. Sia a Montorso che in Sardegna, Mariele organizzava un piccolo ufficio e si distendeva in un riposo che la faceva rifiorire, *lavorando, lavorando, lavorando, lavorando.*

Aveva sempre mille cose arretrate: canzoni da ascoltare, partiture da studiare, corrispondenza, specialmente con le amatissime nazioni dell'Europa dell'Est (Bulgaria, Romania, e, soprattutto, Polonia). E poi il «ciao» rituale delle vacanze alla sua grande famiglia di bambini, un ciao inviato attraverso le cartoline.

Sapete cosa vuol dire scrivere cinquecento cartoline a mano, personalizzandole una per una nei saluti?

Un lavoro, un gran lavoro, che però a Mariele piaceva. Il tabaccaio del residence dove Mariele si recava in vacanza sapeva che alla fine di luglio doveva avere pronte sul banco cinquecento cartoline illustrate di Alghero e dintorni. Mariele scriveva a tutti i bambini del Piccolo Coro:

«*Un affettuoso saluto. Spero ti sia passato il raffreddore... Saluti cari. Sono contenta che sei stato bravo agli esami...Un bacione. Mi raccomando ripassa le paroline delle canzoni dello Zecchino...*

Salutissimi. La tua nonna è guarita? Abbracciala per me... So che oggi è il tuo compleanno. Auguri. Non crescere in fretta perché voglio che tu rimanga ancora molto tempo nel Piccolo Coro... Ti ricordo con affetto, insieme a tuo papà e tua mamma... Qui il mare è bellissimo. E i tuoi monti sono sempre belli?...».

Quando il lavoro può divenire una dolce fatica...

Viaggiavo da turista in mezzo al mare
ma a un tratto capitò di naufragare.
Un mese di canotto in mezzo al grande mare
e avevo cominciato a disperare.

Ma finalmente tocco terra
a sud dell'Indonesia o Zanzibar
fra indigeni gentili, scherzosi e spensierati
vestiti con bei fiori colorati.

Mare (su continua a remare)
mare (su continua a remare)...
Mare, cielo, mare e niente più.

Ho fatto una capanna in riva al mare,
se ho voglia dormo, ballo, o sto a giocare,
non voglio più partire,
non statemi a cercare:
sto qui nell'isolotto in mezzo al mare!

Il naufrago, Zecchino d'Oro 1989

L'UMILTÀ

«Quando sei invitato a nozze da qualcuno, non metterti al primo posto, ché forse non sia stato invitato uno più degno di te... Perché chi si esalta sarà umiliato, e chi si umilia sarà esaltato».
(Lc 14,7-11)

Mariele amava san Francesco e lo spirito francescano.

Quel piccolo grande uomo credeva fermamente che i poveri fossero davvero ricchi e che i ricchi fossero invece dei poveri uomini. Parlava con la luna, le stelle, lodava le creature più piccole dell'universo e ringraziava Dio anche per sorella povertà e sorella morte. Tutto il mondo era suo amico. Non c'era uomo più ricco di lui, anche se non possedeva niente.

Francesco era la poesia, la fiducia totale, un arcobaleno sempre illuminato. Francesco era la semplicità che illuminava gli occhi di Dio...

Gesù aveva detto: «Chi vuol essere grande davanti agli occhi di Dio deve farsi piccolo...». Francesco aveva obbedito, senza mezze misure.

Nell'anno 1974 il Piccolo Coro e Mariele si recarono in pellegrinaggio ai luoghi francescani di La Verna e Assisi. In quell'anno cadeva il 750° anniversario della nascita del Cantico delle Creature e il Piccolo Coro eseguì in prima assoluta il Cantico, musicato a sei voci da Augusto Martelli.

L'emozione fu grandissima. Davvero indimenticabile fu il concerto che i bambini tennero nel chiostrino di San Damiano, ripreso dalla televisione. I tecnici, i bimbi e i genitori ricordano che, prima dell'esecuzione musicale, Mariele chiese a tutti un momento di silenzio. Poi parlò ai bambini, invitandoli a innalzare il loro canto pensando unicamente a Francesco, la cui presenza per tanti anni aveva reso speciali quei luoghi.

Mariele chiedeva insomma che il canto divenisse preghiera. E i bambini compresero e cantarono come... degli angeli. Tutti ebbero la sensazione che davvero il Signore e Francesco fossero presenti, a condividere quell'esperienza meravigliosa.

Piangendo Francesco
disse un giorno a Gesù:
amo il sole, amo le stelle,
amo Chiara e le sorelle,
amo il cuore degli uomini,
amo tutte le cose belle...
O mio Signore, mi devi
perdonare
perché te solo io dovrei
amare.

Sorridendo il Signore
gli rispose così:
amo il sole, amo le stelle,
amo Chiara e le sorelle,
amo il cuore degli uomini,
amo tutte le cose belle...
O mio Francesco, non devi
pianger più
perché io amo quel che ami
tu.

Piangendo Francesco, «Con San Francesco», 1982

Mariele cercò di trasferire lo spirito francescano nella vita di tutti i giorni, senza lasciarsi condizionare dal mondo «dorato» della televisione, mantenendo la semplicità e l'umiltà di chi sa che tutto deve sempre essere restituito al Signore e che nulla di quello che noi siamo o abbiamo è stato dato per caso.

Mariele avrebbe potuto divenire ricchissima, avrebbe potuto scegliere di avere qualcuno che parlasse a suo nome, che lavorasse al suo posto; avrebbe potuto ignorare tutti i maestri di coro che non erano bravi come lei; avrebbe potuto trasformare i bambini del Piccolo Coro in mestieranti staccati dal mondo reale, dei piccoli divi irraggiungibili. Invece, tenne sempre i piedi a terra e ricordò sempre a se stessa e a suoi bimbi la grande fortuna che era capitata loro: quella di poter cantare anche per altri che non potevano farlo.

Anno per anno la sua notorietà si era estesa ed era cresciuta sempre più. Praticamente era considerata in tutto il mondo la più grande specialista, la numero uno nel campo della musica per i bambini; eppure lei fingeva di non saperlo e continuava a camminare con il suo passo leggero in mezzo alla gente comune.

Non appena poteva condivideva palcoscenici e spettacoli con altri cori. Quando questi si esibivano Mariele si metteva in disparte, attenta; con un dolce sorriso ed una mano appoggiata alla guancia seguiva ogni piccola nota, pronta poi ad applaudire energicamente e con sincera adesione.

Quando invece l'applauso era proprio per lei, solo per lei, Mariele correva ai ripari: prendeva per mano uno dei suoi bambini, magari il più piccolo, lo guardava teneramente e così... non era più sola davanti all'applauso.

Un'unica eccezione: quando i bimbi del Piccolo Coro l'applaudivano convinti, accompagnando il battito delle mani con un «brava», Mariele commossa li lasciava fare per un attimo, poi però prendeva le loro manine e metteva il dito sulla sua bocca in segno di silenzio. Quindi tornava al suo posto, spesso fuori dal campo di ripresa della telecamera.

Tutti i riflettori erano puntati sul Piccolo Coro, che risplendeva però della luce emanata da quella donna che aveva davanti.

Anche senza apparire, Mariele entrò nel cuore di milioni di telespettatori, ricordando così a tutti che l'umiltà e la semplicità possono brillare più che un diamante.

Altissimu, onnipotente, bon Signore,
Tue son le laude, la gloria e l'onore
et onne benedictione.
Ad te solo, Altissimo, se confano
Et nullu omu ene dignu Te mentovare.
Laudato si, mi Signore, cum tucte le tue creature,
Spezialmente messor lo frate sole
Lo quale iorna, et illumina per lui;
Et ellu è bellu e radiante cum grande splendore;
De Te, Altissimo, porta significazione.
Laudato si, mi Signore, per sora luna e le stelle;
In celu l'hai formate clarite et preziose et belle.
Laudato si, mi Signore, per frate vento
Et per aere et nubilo et sereno et onne tempo,
Per le quale a le tue creature dai sustentamento.
Laudato si, mi Signore, per sor'acqua
La quale è molto utile, et humile, et preziosa et casta
Laudato si, mi Signore, per frate focu.
Per lo quale ennallumini la nocte,
Et ello è bellu, et iucundo, et robusto et forte.
Laudato si, mi Signore, per sora nostra matre terra,
La quale ne sustenta e governa,
E produce diversi fructi, con coloriti fiori et erba.
Laudato si, mi Signore,
per quelli che perdonano per lo tuo amore
E sostengono infirmitate et tribulazione.
Beati quilli che sosterranno in pace,
Ca da Te, Altissimo, sirano incoronati.
Laudato si, mi Signore,

per sora nostra morte corporale,
Da la quale nullu omo vivente po' scappare.
Guai a quilli che morrano ne le peccata mortali.
Beati quilli che se trovarà
ne le tue sanctissime voluntati;
Ca la morte secunda nol farrà male.
Laudate et benedicete mi Signore, e rengraziate,
E serviteli cum grande umiltate.

Il cantico delle creature, «Con San Francesco», 1981

La maternità

Tutti sanno che Mariele non si è mai sposata e non ha avuto figli.

Questo fatto ha sorpreso molti. Perché una donna piena d'amore come lei non pensò a cercare un marito e ad avere dei figli?

Mariele era stata una ragazza dalla bellezza fresca e dolce, dagli occhi e dal sorriso particolari, che sapevano immediatamente comunicare e arrivavano dritti al cuore; tanti ragazzi si erano accorti di questo e le avevano rivolto interesse e simpatia. Nessuno sa che cosa sia accaduto nel cuore di Mariele in quegli anni. Nessuno può dire che volutamente lei abbia rinunciato a costruirsi una propria famiglia.

Certamente, però, si può affermare che a un certo punto della sua vita Mariele abbia maturato una scelta: divenire mamma «un po' speciale» dei bambini dello Zecchino d'Oro e del Piccolo Coro. E, attraverso di loro, dei bambini di tutto il mondo.

Per spiegare tutto questo non fece mai un proclama: non era certo nel suo stile. Chi le voleva bene, chi l'aveva compresa a fondo, aveva però capito quanto grande fosse la sua capacità d'amare. Un amore il suo che non chiedeva niente in cambio, che si reggeva sulla totale donazione di un essere umano a un altro essere umano.

La trasmissione in occasione della Festa della Mamma, che ogni anno veniva proposta dalla televisione, era occasione per Mariele di dimostrare quanto grande fosse in lei l'amore per la mamma. Tante sono le canzoni che il Piccolo Coro ha dedicato a questa figura, spesso accompagnate da pensieri e disegni colorati. L'ultimo Cd che Mariele incise prima di tornare in paradiso ha proprio questo titolo: «La mamma colorata», e non a caso.

Spesso, le persone che vedevano la totale dedizione con cui Mariele si dedicava al Piccolo Coro dicevano: «Ma come potrebbe mai trovare tempo per una famiglia, per dei figli?... Dovrebbe avere a disposizione un'altra giornata e forse non basterebbe nemmeno quella».

Nella mente e nel cuore degli italiani Mariele occupò comunque, per molto tempo, il posto di una mamma, di una sorella, di una di famiglia. Ancor oggi l'idea di Mariele risveglia il senso di calore e di sicurezza che solo un parente profondamente amato può dare.

Come tutte le mamme, Mariele stette in pena per i suoi «figli», provò anche dolore per loro. Come quando due di questi tornarono in cielo troppo presto e lei non ebbe il tempo di rivederli, di capire; o come quando qualcun'altro di loro fece scelte difficili da comprendere, che lo portarono lontano da Mariele, lungo strade che lei non poteva condividere.

Allora, come ogni madre, si chiudeva nel silenzio e rivolgeva una preghiera particolare a Dio, perché «aiutasse quella testa dura a ragionare», perché non la lasciasse sola, perché la perdonasse. Per amore dei suoi ex bimbi, Mariele sarebbe andata anche in cielo a parlare direttamente con il Signore.

Davvero aveva ragione il Presidente della Camera Irene Pivetti che, intervistata circa l'importanza della maternità per la donna, osservava che ci sono varie specie di maternità importanti:

«E dicendo questo non penso solo a Madre Teresa di Calcutta. Penso anche a Mariele Ventre.

Non si può negare che sia stata una madre per i bambini dello Zecchino d'Oro e del Piccolo Coro».

M'*ama – non ama*
la margherita è come la vita
si sfoglia e poi si sa.

M'ama – non m'ama
niente è sicuro ed il futuro lo so
è un petalo sì...

è un petalo no... oh oh oh oh

... Ci son giorni che noi passeri al vento
abbiamo un po' paura.
Ripieghiamo le ali...
Non senti il mio «cip cip».

Ma se rombano i tuoni e cadono fiumi
su questa mia città
corro nel mio rifugio... il mio nido è lei...

... Chissà chissà chissà se dorme già
chissà se faccio piano chi lo sa
chissà se mi permetterà
un posto tra le nuvole.

Mi accuccerò tra lei e papà e sentirò
nel cuore che lei...

M'ama – m'ama
manca una emme,
la porto a Betlemme
e là s'illuminerà.
M'ama – lei m'ama
niente è sicuro
per il futuro
ma lei... sempre mi amerà...

Sempre mi amerà...

Il mio rifugio è lei, da «La mamma colorata», 1995

L'INNOCENZA

«In verità vi dico: se non vi convertirete
e non diventerete come i bambini,
non entrerete nel regno dei cieli».
(Mt 18,3)

«Perciò chiunque diventerà piccolo come questo
bambino, sarà il più grande nel regno dei cieli».
(Lc 18,17)

Mariele guardava il mondo con gli occhi dei bambini: questa era la sua grande ricchezza.

Credeva nelle persone e nelle cose, aveva fiducia nella promessa che il Signore mette nel cuore di ogni uomo: «Ti ho creato perché tu sia felice sempre, ti voglio bene». Ecco perché la sua giornata sembrava divenire una gioiosa scoperta, anche quando ripeteva le stesse azioni e rivedeva per la millesima volta le stesse persone. Con candida innocenza si poneva a osservare ed ascoltare chi le era vicino anche solo per un attimo, dimostrando di credere sempre alla sincerità delle persone e alle belle novità che tutte possono portare.

Bolle bolle bolle bolle...
Bolle bolle bolle bolle di sapone
sono garantite, niente delusione!
Sono speciali per vincere la noia,
non costa niente un attimo di gioia...

... Splendono i colori dell'arcobaleno...
Venite tutti a fare questo gioco,
sarà un po' antico, ma costa poco...

Bolle di sapone, Zecchino d'Oro 1991

Mariele era pulita, proprio come i bambini. Standole accanto si aveva l'impressione che fosse avvolta da una nuvola di buon profumo, qualcosa che ricordava la fragranza del pane appena cotto e quella del talco che si sparge sulla pelle dei più piccoli dopo un buon bagno. Come i bambini si nutrono delle speranze e delle certezze che i grandi sanno dare loro, così Mariele sembrava trovare nel suo prossimo tante certezze che accrescevano in lei la gioia di essere viva e di essere in questo mondo e di esserci per qualcuno e per qualcosa.

Eccola allora mettersi in un angolino, mentre il bambino di turno tutto serio, troppo serio, sta eseguendo la sua canzone e, con un'espressione birichina, fargli un bel «marameo», uno sberleffo. Veloce, mimato con un bel movimento di mani.

E allora il bimbo si apre al sorriso, al gioco e illumina tutto lo studio televisivo; eccolo assentire con il movimento del capo, quasi a dire: «Ho capito Mariele, mi posso fidare, questa canzone è solo un gioco, una palla colorata che tu e io dolcemente ci lanciamo». «*Che bella la terra è una palla che salta nell'aria in un cielo d'amore, ha in testa foreste smeraldo e il mare nel cuore...*».

Ecco un'altra bimba, piccola, piccolissima, soltanto tre anni. I signori della televisione hanno messo molto spazio tra lei e Mariele, per ragioni che solo loro sanno. Eppure, che bello era stato imparare la canzone vicino al pianoforte, accarezzata dallo sguardo della sua maestra. Dove sei Mariele, che scherzi sono mai questi?

Mariele capisce, anche lei ha bisogno della sua piccola amica. E glielo «dice». Quando la bambina incomincia a cantare, le manda un bacio, per lei, solo per lei.

«L'ho afferrato, Mariele, grazie... Adesso non ti lascio più andar via».

Il bacio vola però lontano, ed è come se i telespettatori lo avessero sentito schioccare sulla propria guancia. Smack...

Che bella
la terra è una palla
che salta nell'aria in un cielo d'amore
ha in testa
foreste smeraldo
la neve sul naso e il mare nel cuore...
Milioni di stelle
da noi anni luce
milioni di mondi
che avranno una luce
milioni di mondi
che avranno una voce
la voce biscotto
che hanno i bambini
stringiamoci le mani
e stiamo più vicini...

La terra è una palla, Zecchino d'Oro 1994

TERZA PARTE

Momenti indimenticabili

Testimonianza di Donatella, ex bambina del Piccolo Coro degli anni '70

Far parte del Piccolo Coro era un privilegio che non a tutti i bambini era concesso, un'opportunità quindi che non poteva essere sprecata, che andava colta al massimo delle proprie possibilità. Naturalmente per un bambino non è facile, poiché non ha in sé la capacità di riconoscere le proprie qualità e di farle emergere spontaneamente...

Ecco che allora Mariele era lì, dolce e risoluta, pronta a guidarti alla scoperta dei tuoi «talenti», saldo e sicuro riferimento per ognuno di noi. E voleva che tutti questi «talenti» venissero impiegati nel migliore dei modi, all'interno della vita del Piccolo Coro e nella vita di tutti i giorni.

Testimonianza di Anna Caterina, ormai celebre soprano, ex bambina del Piccolo Coro

Non ricordo che Mariele avesse un metodo per insegnare ai bambini. Ho però bene impresso il suo modo di trattare coi bambini: ogni bimbo aveva il suo rapporto personale con lei, che ne intuiva ed evidenziava le attitudini, le particolari capacità.

Papa Paolo VI

Mariele suscitava simpatia e ammirazione anche fra personaggi importanti: papi, cardinali, sacerdoti, uomini di stato, uomini di spettacolo.

Papa Paolo VI, in particolare, nutriva per lei una profonda stima e una grande ammirazione non solo per la sua opera di musicista, ma anche e soprattutto per quella di educatrice cristiana. Egli, persona dalla squisita sensibilità, aveva pienamente compreso lo spirito delicato e particolare di Mariele.

Per anni il Piccolo Coro si recò a Roma da Paolo VI, magari anche solo per «porgere un salutino», come diceva Mariele.

Nella famosa aula Nervi di Roma, i bambini di Mariele avevano sempre un posto vicino al papa, che si innamorò del loro canto fin dal primo momento in cui li ebbe come ospiti: «Signorina, per favore si potrebbe sentire una canzone, magari *Il pinguino Belisario…*».

Ecco che allora nella sala, dove erano disposte serie guardie svizzere, tutte severe nelle loro divise, risuonava all'improvviso una canzone squillante, in cui si parlava di un pinguino che faceva un viaggio nello spazio, compiendo una mitica impresa. Il papa sorrideva, i bimbi sorridevano, le guardie sorridevano, le altre persone presenti sorridevano e Mariele, commossa, piangeva dalla felicità.

Tre orsi del mare glaciale
preparano un lancio spaziale.
Non hanno a portata di zampa
nemmeno una rampa,
ma il missile sì…

Le foche sentendo vociare,
si affollano intorno a guardare:

un missile pare davvero,
così bianco e nero,
ma invece cos'è?

È il pinguino Belisario
che si è offerto volontario:
sull'attenti, naso all'aria,
sai che missile sarà...

Il pinguino Belisario, Zecchino d'Oro 1966

Rimasero famose le parole che Paolo VI pronunciò in un suo discorso, il 22 marzo 1966, poche ore dopo la fine dello Zecchino d'Oro, riportate dall'Osservatore Romano. Un discorso di grande importanza che rimase scolpito nel cuore di Mariele come una specie di promessa a cui tenere fede per tutta la vita. Eccone alcuni passi:

Abbiate sempre il santo desiderio di fare onore al Signore, accostandovi a Lui con cuore pieno di affetto e di buoni propositi; fate ogni cosa per suo amore.

Anche quando cantate – quelle vostre care canzoni, così liete e birichine – come quando dovete compiere il vostro dovere, fate tutto nel nome del Signore Gesù Cristo, come dice san Paolo, «cantando per gratitudine a Dio nei vostri cuori» (Col 3,6).

... Continuate così, certi di compiere una cosa bella e meritoria, davanti agli uomini e davanti a Dio, perché ogni sforzo educativo rivolto all'infanzia, anche nel delicato e importante settore del divertimento, è degno di ammirazione e di stima, ed è fonte di consolazione terrena e di premio eterno...

Papa Giovanni Paolo II

Anche papa Wojtyla incontrò varie volte Mariele e il Piccolo Coro. Egli ebbe sempre per loro parole di grande stima e di particolare affetto paterno.

Il 14 maggio 1979, in occasione di un'udienza speciale concessa al Piccolo Coro, pronunciò questo discorso.

Nelle vostre canzoni voi, con molta semplicità, date spesso voce armoniosa e concorde ai sentimenti di cui l'uomo vive e che appartengono al suo essere più profondo: l'amore e la solidarietà verso gli altri, specialmente più bisognosi, l'affetto e la gratitudine verso coloro che ci fanno del bene, il valore dell'amicizia, il bisogno di giustizia, di verità, il desiderio della bellezza, il rispetto della natura...

Il vostro canto, limpido e cristallino, si innalzi sempre per esaltare questi grandi valori; ma il vostro canto ed il vostro cuore s'innalzino specialmente per esaltare, adorare e ringraziare il Signore.

«A lui sia gradito il mio canto; la mia gioia è nel Signore», così esclama il Salmista (Salmo 103-104,33s).

La gioia! Di essa siate portatori e trasmettitori. È vero: il canto è il linguaggio più elevato col quale l'uomo esprime i suoi sentimenti, con la speranza, l'attesa, l'amore, il dolore, ma specialmente la gioia. Cantate sempre la gioia!

La gioia di vivere, di essere in pace con voi stessi, con gli altri, con Dio... comunicate questa gioia cristiana ai vostri piccoli compagni e condiscepoli; donatela ai grandi, che talvolta sembrano aver smarrito il senso della vera letizia.

Una parola speciale è dovuta alla vostra direttrice, che ci ha mostrato oggi un magnifico concerto del suo coro...

Va', canzone della gioia va'
canzone di felicità
alleluja!...

Succhiare piano piano una caramella...
è gioia è gioia!
Trovare tra le nuvole una stella...
è gioia è gioia!
Sentire il vento fresco tra i capelli...
è gioia è gioia!

... Avere un rosso e allegro palloncino,
avere tanti amici per giocare
è gio-o-ia.
... Giocare a fare bolle di sapone
cantare con gli amici una canzone,
amare tutti i doni del Signore
è gio-o-ia...

Canzone di gioia, Zecchino d'Oro 1989

Il viaggio in Terra Santa

Nel 1971 Mariele guidò il Piccolo Coro in Terra Santa. Prima di partire dall'aeroporto di Fiumicino la comitiva fu ricevuta da Paolo VI a Castel Gandolfo. Il papa chiese a Mariele: «Signorina, permette che ci facciamo una fotografia con lei e con i bambini del Piccolo Coro?».

Poi, tenendo un discorso ufficiale per le altre persone che erano presenti all'incontro:

Abbiamo un particolare saluto per i bambini del Piccolo Coro dell'Antoniano di Bologna. I vostri applausi ci dicono che voi li conoscete, questi bambini...

... E adesso sono qui, perché fanno un pellegrinaggio, guidati dai loro padri francescani e dai dirigenti artistici e anche dai genitori e dai parenti; un viaggio in Palestina.

Sentite bambini? (Sììì...). Siete capaci di portare a Gesù, là dove nacque, là dove morì, nella sua terra che è la nostra Terra Santa, il mio saluto? (Sììì...).

... Forse non si è mai fatto un pellegrinaggio di bambini di questa età alla terra di Gesù. Vanno a incontrare Gesù Bambino anche loro: che bello, vero? E noi speriamo che questo viaggio vi consentirà di visitare e contemplare i luoghi santificati dalla vita, dalla passione e dalla resurrezione di Gesù...

Fate là questa promessa a Gesù (Sììì...). Ditegli: «Saremo buoni cristiani per tutta la vita» (Sìì...). Bravi! Così la vostra esistenza potrà essere sempre come un canto gioioso a Dio...

E poi via... destinazione Palestina.

Una settimana indimenticabile alla scoperta dei luoghi in cui Gesù visse e parlò.

Una carovana di sei pullman, bambini e genitori. Quando arrivarono a Nazaret, passando in mezzo ai campi macchiati di fiori gialli, Mariele disse: «Bambini, guardate in questi campi ha giocato Gesù, quando era piccolo come voi...».

L'avvenimento dell'arrivo del Piccolo Coro ebbe una grande importanza per tutto Israele, dove era appena finita una delle numerose guerre che purtroppo ancor oggi si combattono in quel paese. Il sindaco di Gerusalemme ricevette i dirigenti del gruppo e volle che il Piccolo Coro facesse due concerti a Gerusalemme: uno nella città vecchia, dove vivevano gli arabi, e uno nella città nuova, in un modernissimo teatro, per i bambini ebrei.

All'arrivo del Piccolo Coro all'aeroporto di Tel Aviv c'era la televisione di stato ad attenderlo. Appena scesi dalla scaletta dell'aereo, i bambini si schierarono e cantarono a voce spiegata, tra le folate del vento, all'aeroporto. Per la prima volta nella storia della televisione israeliana, il telegiornale trasmise l'esecuzione di una canzone, quella del Piccolo Coro.

I bambini cantarono *Hevenu shalom aleichem* che in italiano significa «Noi veniamo a portarvi la pace», e la nazione intera seppe che il Piccolo Coro diceva il suo no alla guerra, diventando così una speranza di pace per gli uomini. Una pace davvero per tutti, che non faceva differenza fra chi credeva in Allah, in Gesù, o nella promessa di un Dio che ancora non era venuto ad abitare in mezzo agli uomini.

Durante quella meravigliosa settimana, il Piccolo Coro ebbe la possibilità di conoscere dei luoghi unici per bellezza e importanza. Da Nazaret a Betlemme, da Betania al

Mar Morto, da Cafarnao a Gerusalemme, dal Calvario alla spianata del Tempio.

Nessuno, nemmeno i grandi che accompagnavano il Piccolo Coro, avrebbe mai dimenticato quel viaggio. Alcuni genitori, come Angelo e Laura, papà e mamma della ex bimba Donatella, provano ancora i brividi nel raccontare l'emozione di allora... E a padre Berardo brillano gli occhi quando ripensa a quelle quattrocento persone di Bologna alla scoperta della terra di Gesù.

Come sarebbe bello poter tornare indietro...

Hevenu shalom aleichem
Hevenu shalom aleichem
Hevenu shalom aleichem
Hevenu shalom shalom
shalom aleichem

Viaggi in Polonia

Nell'anno 1987 il Piccolo Coro si recò nelle nazioni dell'Europa dell'Est ed ebbe il consueto successo.

In una delle città della Polonia il pubblico era talmente numeroso che non riuscì a entrare tutto nella sala in cui si sarebbe tenuto il concerto. Mariele venne avvisata di quanto stava succedendo: la gente era giunta anche da lontano e sarebbe rimasta molto delusa di doversene tornare a casa senza aver ascoltato nemmeno una canzone.

Mariele non si dava pace, bisognava assolutamente trovare una soluzione. Eccola dunque rivolgersi ai suoi amici più fidati, che da sempre la comprendevano: i suoi bambini. «Bambini, qui bisogna che ci facciamo forza. Alla fine di questo concerto non lasceremo il teatro; qualche minuto di riposo e poi dovremo riprendere a cantare; terremo un altro concerto per le persone che pazientemente avranno atteso fuori dal teatro. È un grosso sacrificio, lo so, non ve lo chiederei se davvero non fosse assolutamente indispensabile.

Pensate questa gente è qui per voi, per sentirvi cantare. Non è una cosa meravigliosa? Dunque, ognuno faccia la sua parte; ognuno sostenga il suo compagno, con la sua voce e i suoi sorrisi».

I bambini compresero e il pubblico ebbe il suo doppio concerto.

Mariele fu orgogliosa di loro. Nessuno è mai riuscito a sapere quante crocette il Piccolo Coro meritò quella volta; certo è che i bambini tornarono ai pullman con una strana luce negli occhi: la soddisfazione di avere resi felici gli altri e naturalmente, prima fra tutti, Mariele.

Il 3 settembre 1987, poi, il Piccolo Coro cantò nella piazza principale di Cracovia, alla presenza di oltre 300.000 spettatori. Esistono fotografie di quel concerto. Tante persone strette una all'altra, ordinate e desiderose di ascoltare. Una folla fatta di uomini, donne, bambini.

In fondo alla piazza un puntino colorato: il palcoscenico con il Piccolo Coro vestito di colori vivaci e la figuretta di Mariele che sembra voler abbracciare tutti.

È possibile ammirare oggi questa foto alla Fondazione Mariele Ventre. Chi vuole passi di là e chieda di vederla: ne vale la pena.

TANTI PREMI, TANTI RICONOSCIMENTI

Nella sua carriera Mariele ricevette tanti premi. Lei ne fu senz'altro contenta ma per via della consueta modestia non li esibì mai; e diplomi di benemerenza, di riconoscimento, di gran cavalierato rimasero chiusi nei cassetti dell'archivio di casa sua. Ancor oggi dormono là e costituiscono una testimonianza di affetto e stima da parte di tutto il mondo.

Le motivazioni che li sorreggono sono le più svariate, ma una cosa è certa: chi ha avuto la fortuna di esaminarli, ne è uscito quasi sconvolto, per l'intensità dei testi e la profondità di sentimenti che vi sono espressi, infrequenti per premi che di solito si avvalgono di formulari precostituiti e raramente arrivano dritti al cuore.

Il riconoscimento di cui Mariele andava maggiormente fiera era la Medaglia del Sorriso. Di questo lei parlava volentieri e quando, sollecitata, lo raccontava agli altri, era facile vedere i suoi grandi occhi diventare umidi e brillare di una gioia particolare. Questo premio infatti viene attribuito in Polonia dai bambini, i quali si riuniscono in una commissione e decidono quale personalità abbia segnato la storia per la sua opera rasserenatrice: in grado di regalare sorrisi, insomma.

Il premio è internazionale e a tutt'oggi non è ancora stato assegnato a nessun altro italiano. Fra i premiati: papa Wojtyla e Peter Ustinov (attore).

Essere premiata dai bimbi costituiva per Mariele la conferma che loro avevano compreso i suoi sforzi e che l'approvavano totalmente. Il grande medaglione fu appeso al collo di Mariele il 3 settembre 1987, a Cracovia. Come è usanza, al termine della cerimonia Mariele dovette vuotare, sorridendo, una grande coppa piena di spremuta di limone senza zucchero e, alla fine, sorridere, sorridere e sorridere ancora.

L'alba ti porta ogni giorno
sogni e illusioni lo sai
e la tristezza di ieri
oggi speranza sarà.

Sorridi, sorridi
perché fuori c'è il sole,
su vieni a vedere
con me nascere il sole.
Sorridi, sorridi
e non scordarti mai
che il mondo è più bello
se lo guardi con gli occhi miei.

Sorridi sorridi, «Canzoni di primavera» 1992

MARIELE E LA SUA TESTIMONIANZA DI FEDE NEL DOLORE

Quando il dolore arriva nella nostra vita, noi tutti ci spaventiamo, ci ribelliamo, vorremmo mandarlo via. Ci accorgiamo poi che ciò non è possibile e cerchiamo di trovare forza e speranza in Dio, in noi stessi, negli amici, nei sentimenti importanti di cui abbiamo riempito il nostro cuore.

Anche per Mariele fu così. Nel settembre 1992 ebbe l'impressione di non sentirsi bene.

Tra una prova e l'altra con i bambini dello Zecchino d'Oro riuscì a recarsi all'Ospedale Sant'Orsola, per sottoporsi a visite e controlli clinici. I medici capirono che purtroppo era malata, molto malata. Occorreva che fosse operata il prima possibile.

E così dovette essere ricoverata in ospedale. Nessuno le raccontò mai quanto la sua malattia fosse grave e Mariele non chiese nulla; sicuramente era spaventata ma, soprattutto per non allarmare tutte le persone che le volevano bene, finse di non preoccuparsi.

Piuttosto pensò subito a programmare i tempi del suo intervento, per rispettare le scadenze dello Zecchino d'Oro. E anche questo non era certo un affare da poco.

La famiglia, gli amici e le collaboratrici di Mariele si strinsero attorno a lei. Prima di entrare in clinica Mariele decise un «veloce ripasso» delle canzoni dello Zecchino d'Oro, sia per i bambini italiani che per quelli stranieri. Fu una specie di prova generale.

Due giorni dopo entrò in casa di cura. Le suore le avevano dato la camera più luminosa e l'avevano addobbata con un grande mazzo di fiori come benvenuto. Mariele chiese però di avere una cosa alla quale le suore non avevano pensato: un piccolo tavolo che le servisse da scrivania. Anche nella malattia voleva continuare a lavorare e pensare così alla bellezza della vita.

Tutti coloro che le volevano bene avevano ormai una parola d'ordine comune: «Bisogna pregare molto per Mariele».

Mariele venne così operata e dovette rimanere in clinica per un po'. Ogni giorno le arrivavano grandi mazzi di fiori, dal profumo intenso, che spesso venivano portati nella cappellina del Toniolo e alla cappella di san Francesco del Policlinico Sant'Orsola.

Dopo vari giorni, Mariele finalmente ritornò a casa e piano piano riprese le sue abitudini normali. Fino a poter ritornare al suo adorato Piccolo Coro, al suo pianoforte.

La macchina dello Zecchino d'Oro si impossessò nuovamente di lei. Ma Mariele, purtroppo, non era guarita e continuava a soffrire, senza lamentarsi, svolgendo sempre al meglio il suo lavoro.

Ogni giorno andava all'Antoniano. Scivolava leggera con la cartella sottobraccio, passava dagli uffici allo studio televisivo, dalla sala di registrazione all'aula del Piccolo Coro.

Salutava tutti con un sorriso e continuava a camminare, in silenzio. Quando il dolore si faceva forte, tentava di non disturbare e preoccupare i suoi anziani genitori. Cercava così la mano di sua sorella Maria Antonietta e affidava il suo corpo ai massaggi e alle carezze di lei.

Mariele soffriva tanto, e qualche volta le confidava: «Sono tutta un dolore». Ma poi sollevava il capo, respirava profondamente e si faceva di nuovo avvolgere dai bambini, dai loro teneri sorrisi, dalla musica.

Con loro riusciva ancora a scherzare e a fare accogliere con simpatia anche il suo viso pallido e segnato. Tutti coloro che coglievano quella comunicazione d'amore non potevano non vedere in essa un segno di speciale predilezione di Dio per Mariele.

Eh sì, Mariele stava male. Ma mai come in quel momento si era avvertita la presenza del Signore vicino a lei. Mariele, uno strumento docile nelle mani di Dio, un'armonia totale che nemmeno la sofferenza riusciva a interrompere.

Lo Zecchino d'Oro del 1995 si svolge apparentemente come sempre. Mariele si presenta con il suo sorriso abituale, anche se notevolmente dimagrita.

Tutto è scintillante come al solito ma, dai teleschermi, coloro che hanno imparato negli anni a scrutarne, a conoscerne gesti ed espressioni, avvertono uno strano batticuore, stanno in ansia, provano il desiderio di sostenerla, di aiutarla a far volare le sue magiche mani, come si fa con un uccellino a cui è stata spezzata un'ala.

«Dai, Mariele, siamo tutti con te... Attenta, risparmia le forze... I bambini sono preparati, non sillabare ogni lettera, non porgere proprio tutte le note... Le canzoni sono dodici, lo spettacolo è ancora lungo: pensa a te, per una volta anche a te».

Gli spettatori presenti nello studio televisivo sembrano trattenere il respiro, per non disturbare, per aiutare. Fissano dolcemente Mariele, che tra una canzone e l'altra va a sedersi su una poltroncina, ed è come se magicamente tutti potessero dirle: «Grande, Mariele, a te tutta la nostra ammirazione... Anche in questa occasione sei una grande maestra».

I telespettatori a casa avvertono che qualcosa di molto speciale si sta compiendo e rimangono come ipnotizzati davanti al teleschermo. Nell'aria una domanda inespressa, che nessuno vuole trasformare in parola. Un pensiero tutto per Mariele, in una catena infinita d'amore.

Quando viene rieseguita la canzone vincitrice *Il sole verrà*, Mariele rompe ogni indugio e sembra alzarsi in volo insieme alla melodia struggente e trascinante. È arrivata in fondo allo Zecchino, non deve più dosare le forze.

Le poche rimaste non vengono però trattenute per sé ma vengono regalate al mondo, perché davvero tutti sappiano, vivano e credano che «il sole verrà domani per noi e il cuore ci scalderà e nel suo splendore giorni d'amore ci regalerà» e che «se la guerra, un giorno amaro, contro noi si scaglierà, io ti abbraccio amico caro, anche se sarai di là...».

Lo Zecchino d'Oro si chiude così.

Caro amico, ovunque sei,
scrivo a te i pensieri miei,
io non so che viso hai,
ma ti voglio bene assai.

Il sole verrà
domani per noi
e il cuore ci scalderà
e nel suo splendore
giorni d'amore
ci regalerà...

Il sole verrà, Zecchino d'Oro 1995

Una mamma, in una delle tante case italiane, rimane però ferma davanti al televisore e non parla; le cade un lacrimone sul grembiule di cucina, subito asciugato dalle mani ruvide, rovinate dal troppo duro lavoro.

«Ciao, Mariele; stasera, quando mia figlia, colpita da una strana febbre, si sveglierà, le dirò di quanto eri bella e che alla fine della trasmissione hai avuto uno dei tuoi magici sorrisi anche per me, che ti voglio bene da sempre... Era il "mio" quel tuo sorriso, ne sono convinta. Non ti scorderò, Mariele; anche questo dirò a mia figlia quando dovrò raccontarle che sei andata via e sei tornata in paradiso, dopo essere stata in prestito per queste giornate del tuo ultimo Zecchino.

A volte anche gli angeli si possono vedere.

Oggi un angelo è stato mandato in diretta mondovisione...».

Se per miracolo
io fossi il sole,
per te soltanto
risplenderei.

Non soffriresti più
non piangeresti più
perché io ti farei
carezze tiepide
d'affettuosa luce...
Se per miracolo
io fossi il sole...

Se per miracolo, «Canzoni di primavera» 1994

Mariele e il suo ciao

Alla fine del 38° Zecchino d'Oro, Mariele lascia l'Antoniano insieme a sua sorella Maria Antonietta. È tardi e ha freddo, anche se sulle sue spalle è stato affettuosamente posato uno scialle di lana bianco.

Nell'atrio del teatro c'è qualcuno che ancora la vuole salutare, abbracciare, trattenere un momentino... Mariele sorride; alla fine sua sorella riesce a condurla fino alla vetrata che dà su via Guinizzelli: fa freddo, un freddo pungente, strano per il mese di novembre. Mariele si stringe nel suo scialle, poi, prima di uscire, alza gli occhi verso un bassorilievo di Angelo Baccini raffigurante santa Maria Goretti e sembra volerla salutare.

Non la rivedrà più.

Nei giorni che seguono infatti le sue condizioni di salute peggiorano.

Mariele prega, anche quando diventa difficile pregare perché il dolore è forte. La sua famiglia è vicino a lei con infinito amore. Un altro amore, ancora più infinito, ancora più speciale, assolutamente unico, la attende però in cielo.

Sabato 16 dicembre, alle 4 del mattino, Mariele si ricongiunge a Dio, del quale era stata per tanti anni fedele testimone: un'espressione dell'armonia del paradiso.

Ciao, amica, CIAO CIAO CIAO!!!

Gli uomini e le donne di Chiesa hanno detto di lei

Quando Mariele tornò in paradiso, lasciò dietro di sé tanto amore, tanta commozione, tante lacrime sincere.

Piansero per lei i bambini e gli ex bambini del Piccolo Coro, piansero i bimbi e gli adulti non solo di Bologna ma di tutto il mondo, piansero sacerdoti, vescovi, cardinali, suore. Anche il papa, mediante un suo scritto, fece conoscere a padre Berardo e agli frati dell'Antoniano tutto il suo dispiacere.

L'arcivescovo di Bologna, cardinale Giacomo Biffi, trovò la notizia al mattino stesso sui giornali.

Alle 7,30 il suo segretario era all'Antoniano a recapitare una lettera scritta dal cardinale stesso:

Caro Padre Berardo, voglia accogliere le condoglianze della Chiesa di Bologna e mie personali per la morte di Mariele Ventre, splendida figura di artista e di educatrice cristiana, cui tanto deve la famiglia dell'Antoniano.

La sua dedizione impareggiabile, alimentata dalla fede, ha consentito al Piccolo Coro di portare efficacemente in Italia e nel mondo un prezioso messaggio di bontà, di speranza, di attenzione affettuosa all'infanzia.

Le siamo tutti riconoscenti. So quanto sia grande il vostro dolore per questa perdita difficilmente colmabile e vi sono vicino con la mia partecipazione, la mia amicizia, la mia preghiera.

Suo dev. mo Giacomo Biffi.

Anche il Vescovo Ruggero Franceschini, Vicario Apostolico dell'Anatolia, inviò alcune parole:

Mariele: un dono indimenticabile.
Minuta, piccola ma tanto grande.
Con un cuore traboccante di gioia e amore contagioso.
La sua fede ci permette di rompere, per un momento, il velo delle cose del tempo.
La sentiamo presente,
viva più che mai in Dio.
Accanto a noi, accanto ai piccoli. Soprattutto.
Per essi aveva dato la vita,
sognando una umanità migliore
nata da una fraternità
che nel canto trovava spazio di amicizia vera.
Grazie, Signore Gesù, per la nostra sorella Mariele.
Grazie, Mariele, per essere stata con noi.
Grazie, Mariele, perché ti sentiamo tra noi.
Ancora e per sempre.

Il 16 dicembre 1995, padre Zaccaria Bertoldo, del convento dei Frati minori di San Bernardino, scrisse queste delicate parole:

Mio caro p. Berardo,
questa volta la prova è davvero forte: sorella morte ti ha rapito Mariele, la persona più cara del Piccolo Coro, la tua collaboratrice fedele e dolcissima...
Ora Mariele è in Cielo che canta con gli Angeli e canta anche per te un canto di consolazione e di conforto. Ti sono vicino con la preghiera e con tutto il mio affetto...

Padre Stefano Frau è stato il direttore spirituale di Mariele dall'anno della scomparsa di padre Valeriano Ricci, cioè dal 1963. Dopo la morte di Mariele, egli rilasciò questa bella testimonianza.

«Che dico a Gesù?... Sono stanca!». «Mariele, non devi dir niente, Gesù è accanto a te, ti vede, ti sente, solo continua a offrire le tue sofferenze fisiche, le rinunzie che sei costretta a fare giacendo a letto...».

Tempo addietro Mariele mi confidava che aveva paura di dare poco o nulla al Signore, anzi di fare tutto male, quindi di non essere accetta a Dio.

Chi ha potuto conoscere Mariele da vicino senza timore di sbagliare può affermare il suo dinamismo, la sua instancabile dedizione al lavoro, con che passione eseguiva ciò che per lei era una missione santa: far cantare gioiosamente le bambine e i bambini di tutto il mondo, trasmettendo a tutto il mondo un messaggio di speranza e di amore evangelico.

Dove trovava Mariele tanta energia spirituale per far esplodere tutta la sua dolcezza musicale, da calamitare con i suoi grandi occhi e i gesti delle sue mani delicate i piccoli concorrenti del 38° Zecchino d'Oro o i settanta e più bambini del Piccolo Coro dell'Antoniano?...

Ogni giorno la sua esile figura sfuggiva agli occhi altrui inginocchiata tra i banchi della Basilica di Sant'Antonio intenta ad ascoltare la s. messa e a cibarsi del sacramento d'amore. Nonostante avesse trascorso una giornata faticosissima nella quotidiana scuola di canto, di giorno o di notte lei doveva trovare l'ora del santo rosario e della lettura biblica...

Per te, cara Mariele, tutti i bimbi erano belli e cari, erano fiori che il Signore ti affidava per educarli all'amore e alla gioia e ai grandi dicevi che il dono della vita va conosciuto per essere apprezzato, anche nelle sue tristi esperienze.

Ringrazio infinitamente il Signore di averti conosciuto.

I funerali di Mariele vennero celebrati a Bologna il 18 dicembre 1995 nella chiesa di Sant'Antonio, chiesa amata da Mariele come la sua casa e come la scuola del Piccolo Coro. La chiesa divenne improvvisamente troppo piccola, perché le persone che volevano salutare Mariele erano tante, tantissime.

Nell'omelia il Ministro provinciale p. Gilberto Soracchi disse:

La fede coraggiosa, della quale Mariele ci ha offerto indiscutibile testimonianza, ci ha permesso di rompere, per un attimo, il velo delle cose del tempo. Ci sorprende allora la sua vicinanza, più vera che mai, resa libera per sempre dai limiti di tempo e di spazio, a ciascuno di noi...

A Mariele sarà dedicato l'Ospedale pediatrico che sarà costruito a Makoua con i fondi raccolti con l'iniziativa lanciata durante il recente Zecchino d'Oro, contribuendo alla crescita di un'umanità migliore e realizzando il compiersi per lei della promessa del Signore: «Chi accoglie anche uno solo di questi piccoli nel mio nome accoglie me» (Mt 18,5).

Non vorrei dire nulla di Mariele, per fare spazio ad un sereno silenzio, lasciando che a parlare fosse la sua viva immagine, incisa indelebilmente nel cuore di ciascuno di noi.

Ma come non ricordare quel suo incedere svelto e leggero per i corridoi dell'Antoniano, quasi temesse di disturbare, quei suoi occhi profondi e indagatori, capaci di trasmettere immediatamente calore e simpatia, quel suo fascino discreto, che conquistava l'animo di tutti, specialmente dei bimbi della sua scuola. Si potrebbe continuare a descrivere il personaggio di Mariele. Ma sarebbe come impoverire il dono che in lei è stato fatto, in misura diversa, ad ognuno di noi.

Tuttavia un pensiero non formale, di profonda gratitudine sento il bisogno di esprimerlo per quanto Mariele ha significato per l'Antoniano... Mariele, con la sua dedizione, con la sua presenza, è stata l'immagine straordinariamente evidente, il miglior annuncio dell'impegno dell'Antoniano, in Italia e nel mondo.

Grazie, Mariele, per essere stata con noi; grazie, Signore, per il dono che ci hai fatto in Mariele e per non avercela rapita per sempre, dato che, nel Cristo Risorto, lei resta con noi, nella comunione dei santi.

Padre Benassi, ora direttore del Centro missionario dei Frati minori di Bologna, ha scritto su *Primavera di vita serafica* una testimonianza per Mariele, molto semplice, ma fra le più commoventi, che bene riassume ciò che Mariele significò per tutti quelli che le vollero bene:

Si è spenta una luce.

Eravamo così abituati a vederla e a seguirla, la nostra Mariele Ventre, da non sapere neppure misurare quanto ci era cara e quanto era preziosa. Era cresciuta con l'Antoniano e la sua presenza era così legata al Piccolo Coro e allo Zecchino d'Oro da colorire di sé ogni cosa e farci pensare che si trattava di una sola mirabile realtà. Ce ne siamo accorti in maniera quasi cruenta, quando sorella morte è passata all'Antoniano e ha portato Mariele con sé.

Allora ci siamo accorti che Mariele aveva una trasparenza di anima stupenda; aveva una squisitezza di tratto bella e confidente; aveva il culto della riservatezza delicata e dolce; aveva una semplicità costante e disarmante; aveva una fede in Dio luminosa e forte, Mariele: era francescana nella vita e nella spiritualità; era un esempio luminoso per chi le era vicino; era una luce senza ombre di oscurità; era capace di sacrifici silenziosi e continui; era un modello di umiltà anche nelle ore dei trionfi.

Mariele: si era dedicata ai bimbi con totale amore, si era fatta piccola coi piccoli e loro confidente; si era proposta una pazienza... infinita coi bimbi; si era impegnata ad insegnare canto con gioia; si era fatta l'anima di ogni manifestazione dell'Antoniano.

Noi la ricordiamo così, Mariele, e bene sappiamo che ora è in cielo a rendere più bello ed armonioso il Paradiso, e a comporre in cielo un coro vero e proprio di Angeli, capaci di cantare sempre e senza fine.

Dai bambini a Mariele

Una lettera dal cuore

Via del Paradiso
Per il Padre di tutti gli uomini

Signore,
c'è la nascita e c'è la morte,
la morte è la seconda tappa della vita.
Una donna c'è arrivata e ora è da te.
Ha fatto del bene per tutti:
ha insegnato a cantare,
ha compiuto buone azioni,
dirigeva un coro,
tutti le volevano bene.
Ora è arrivata da te:
il suo nome è Mariele.
Tutti pregano per lei:
Signore donale la vita eterna.

Marco

Te ne sei andata, lasciando dentro i nostri cuori
tutto il tuo amore, verso i bambini
a cui hai dato la gioia.
Non potremo mai scordarti
per tutto quello che hai fatto,
perché tutti i giorni insegnavi ai bambini,
anche stranieri,

che con la volontà
si possono ottenere le cose migliori.
Ti ricorderemo nei nostri più cari pensieri!!!
Resterai sempre con noi.
Addio Mariele Ventre

Federica

Ed ecco in palcoscenico,
arriva la dolce e cara Mariele
insegna tante canzoni meravigliose,
e i bambini l'apprezzano molto.
Com'è bello sentire le dolci melodie
insegnate da lei, nel tempo libero
che loro trascorrevano insieme!
Ci ha lasciato un ricordo
che ci è utilissimo: la musica è gioia
e non lo dimenticheremo mai.
Ringraziamo Mariele.

Elena

Mariele ti ricordi di me? Sono Isabella.
Mi dispiace che tu sia morta
volevo tanto
chiacchierare ancora con te.
Vorrei che tu mi consigliassi
quando ne ho bisogno,
che mi aiutassi quando sono disperata.
Per favore veglia su di noi con affetto.
A tutta la mia classe dispiace che sei morta
ma Dio ti voleva con sé.
Ti voglio tanto bene, Mariele.

Isabella

Mariele sempre dolce, serena
e buona come il miele
insegni con legge
ai bambini del tuo gregge;
tu sei come un angelo per noi;
ci hai liberato da quell'angolo scuro
che ci faceva stare
vicino al muro,
quell'angolo scuro, Mariele, è la timidezza,
ma con te abbiamo potuto volare nella brezza
della gioia di cantare
insieme agli amici.
Con te abbiamo sconfitto il nemico: la paura,
la paura di stare soli all'aria pura
per fare un grosso girotondo
insieme agli amici.
Con te abbiamo sconfitto il nemico: la paura,
la paura di stare soli all'aria pura
per fare un grosso girotondo
insieme, attorno al mondo.
Mi piacerebbe
tingere il cielo di mille colori,
i colori
che Mariele ha fatto uscire dai nostri cuori.
Allora cantiamo tutti in coro:
Grazie, Mariele!

Claudia

Se con la mente
penso a Mariele Ventre,
m'accorgo che quaggiù
quest'angelo non c'è più.

Vola in alto sopra di noi senza confini
ma segue ora noi bambini,
ci stimola, ci aiuta a ben fare
ci insegna con amore a donare,
a donare momenti di bontà
ad ogni mamma e ai papà.

Nell'azzurro mare, fra le melodiose onde
una pesciolina a cantare incominciò.
Il mare, le note trasportò e tanti piccoli pesciolini inesperti
il pentagramma acchiappò.
Sorpresi allora:
ascoltarono, sognarono
e insieme a Mariele a cantare impararono.
Tutto il mondo li ascoltò,
li ammirò.
Mariele un giorno, però, di nostalgia si ammalò,
e la sua canzone a Dio donò.

I bimbi della classe III

Cara Mariele,
io sono stata molto fortunata ad incontrarla quando sono venuta a fare le prove per entrare nel Piccolo Coro; in quei pochi minuti che l'ho vista mi ha dato un senso di bontà, amore ed una grandissima voglia di insegnare.
Io e miei compagni di 5ªA siamo stati molto fortunati ad avere Daniela, perché ci racconta di lei e ciò che ha fatto in questi anni.
Lei ha fatto molte offerte per i poveri ed i senzatetto, e penso che questa sia una cosa molto grande...
Mariele io la ricordo mentre dirigeva il suo piccolo coro che

dentro il suo cuore diventava un immenso coro a molte dolci voci: ha portato a termine la sua ultima fatica, perché non voleva deludere i piccoli cantanti, pur sapendo che non avrebbe più rivisto i suoi amici, allegri e canterini, ma sapeva che, nel cielo, Gesù l'avrebbe incaricata di insegnare a cantare agli angeli.
Con moltissimo affetto,

Gaia

Sei stata per me una seconda mamma. Hai lasciato in me un'impronta incancellabile. Ti ricorderò sempre.

Rossella

Mariele, ti ringrazio per avermi insegnato a cantare. Proteggi tutti noi per sempre e resta sempre qui fra noi.

Letizia

Che fortuna che hanno gli Angeli ad avere una maestra come te!

Giulia

Cara Mariele, ci hai sgridato ma per il nostro bene.

Clara

Mariele ti giuro che non farò più la figura del cioccolatino.
Con affetto: prego per te.

Giulia

Ciao, Mariele. Tu sì che sei stata la mamma di tutti noi, sia chi ha partecipato al Piccolo Coro, sia chi come me l'ha visto solo in televisione. Tutti ti hanno sempre chiesto ma come fai a far cantare chi non sa ancora leggere, chi non sa dire una parola in italiano e poi, inizia la musica, il piccino guarda il sorriso tuo bellissimo e canta in perfetto italiano. La magia della musica è valida solo per chi ha un cuore come il tuo...

Rosa

Le sembrerà sciocco tutto questo, ma, se la sig.na Mariele è stata così gentile e disponibile e accogliente con me, che ero solo un curioso importuno, allora vuol dire che lo era proprio con tutti!
Quando venni a vedere le prove del 36° Zecchino portai con me una bambina della scuola nella quale lavoravo come obiettore di coscienza: quando la bambina disse di star male, la sig.na Mariele piantò tutto e andò a provarle il termometro e a prenderle le medicine, nonostante tutti stessero aspettando lei per iniziare le prove.

Francesco

Ciao, Mariele, ti voglio bene, sei stata grande, dolce e buona! Mi manchi tanto ma il tuo ricordo è sempre con me e mi rende felice. Sono contenta di averti conosciuta e aver imparato tante cose da te. Un bacio,

Margherita

DAI GENITORI DEL PICCOLO CORO...

Dolce, piccola Grande Mariele, siamo qui a pregare per te, con tutto il cuore, consapevoli che quello che ci hai lasciato dura più della vita stessa!!
Il tuo Amore Grande, Sublime, Percettibile come un fascio di luce è rimasto per additarci la vita.
Come le tue leggerissime mani fluttuavano dandoci la nota dell'amore, così il tuo dolce sorriso ci accompagna ovunque e i tuoi occhi ormai parte del firmamento ci guidano nel Bene, quello che ci hai dato tu.
Dolce, Piccola, Cara Mariele, tu stessa ci porti conforto con la certezza della tua eterna Beatitudine.
Grazie Mariele, con Tanto Amore
Grazie!

I genitori del Piccolo Coro

TU SEI ANCORA TRA NOI...

BAM e BÙ, voci al vento!
BAM è d'oro... BÙ d'argento...
In un laghetto di verdi canne
c'eran due canne: BAM e BÙ!
BAM deliziosa... voce armoniosa,
BÙ con la voce bassa in giù.
Il vento soffia e fa cantare
in un duetto BAM e BÙ
dolce concerto, voci all'aperto
in quel laghetto tutto blu.

Senti il suono magico... è BAM che canta in su.
Ecco il suono morbido... è BÙ che canta in giù.
Quando due voci cantano – le stelle danzano!
Quando le stelle danzano – la notte è musica!
Senti la voce magica... è BAM che canta in su.
Senti la voce morbida... è BÙ che canta in giù.

BAM e BÙ, voci al vento!
BAM è d'oro... BÙ d'argento.

Ma un brutto giorno furon tagliati
e separati BAM e BÙ!
BAM singhiozzava, BÙ sospirava:
«Non ci vedremo forse più!».

BAM, canna dolce, fu trasformata
in un sottile flauto in Do.
BÙ, canna forte, fu trasformata
in un robusto flauto in Sol.

Senti il flauto magico... è BAM che suona
in su.

Ecco il flauto morbido... è BÙ che suona
in giù.

In un'orchestra BAM, infelice,
suonava sola... senza BÙ.
Ma un bel giorno all'improvviso
sente la voce del suo BÙ.
BAM è alle stelle, BÙ fa scintille...
Forse una fata li riunì.
E come allora in quel laghetto
fanno un duetto BAM e BÙ.

Bella più di una favola
la storia di BAM e BÙ...
Storia cantata in musica...
che puoi cantare tu...
BAM-BÙ! BAM-BÙ! BAM-BÙ! BAM-BÙ!

Ringraziamenti

Per la realizzazione di questo volume è stata fondamentale la collaborazione di padre Berardo Rossi, il cui volume Mariele *(Edizioni Fondazione Mariele Ventre, Bologna 2003) costituisce una base imprescindibile per tutti coloro che vogliano avvicinarsi alla figura dell'artista e dell'educatrice.*

Un grazie particolare è rivolto inoltre ai titolari dei diritti delle canzoni per la concessione gratuita dei testi, e a Donatella Polletti, responsabile della segreteria della Fondazione Mariele Ventre.

La sveglia birichina
(Ed. Fiumara/Mac Rey International/Cervino)
(Cadile/Beretta/Franco e Mino Reitano)
Vincitrice de «Lo zecchino d'oro» del 1971

Francesco
(Cadile/Beretta/Franco e Mino Reitano)
Brano dedicato a San Francesco d'Assisi cantato fuori concorso dal «Piccolo Coro dell'Antoniano»
Edizioni Fiumara – Mac Rey International

Ciao amico (Sigla Zecchino d'Oro)
Capelli – Cadile
Franco e Mino Reitano
Edizioni Fiumara – Mac Rey International

Il più grande motore
(Cheope – Malgoni)
Edizioni Southern Music srl – Antoniano – Briciola

La terra è una palla
(S. Menegale)
Edizioni Southern Music srl – Antoniano – Briciola

Canzone della gioia
M. Soldi – C. Castellari
Edizioni Taitù Music / Antoniano / Briciola
32° Zecchino d'Oro 1989

Bolle di sapone
Mara Maretti Soldi – Nicola Aprile
©Fonit Cetra Music Publishing S.r.l. / Briciola Edizioni Musicali / Antoniano Edizioni Musicali
Testo pubblicato per gentile concessione degli Editori

Chi trova un amico
V. Sessa Vitali – G.B. Martelli
Edizioni: RiFi Music
per gentile concessione della BMG Publications srl

Col pianoforte in spalla
V. Sessa Vitali – G.B. Martelli
Edizioni: Life
per gentile concessione della BMG Publications srl

Gugù bambino dell'età della pietra
C.E. Trapani – Bob Mitchell
Edizioni: Life
per gentile concessione della BMG Publications srl

Sorridi sorridi
L. Zanin-Perotti – G.B. Martelli
Edizioni: RiFi Music
per gentile concessione della BMG Publications srl

Amico nemico
A. e F. Testa
Edizioni Briciola / Antoniano

Ma chi l'ha detto?
E. Di Stefano – G. Fasano
Edizioni: Briciola / Antoniano / Fucsia

Parla tu che parlo io
O. Ildiko – A. Testa – Rielab. G.B. Martelli
Edizioni Briciola

Il sogno più bello
M. De Cillis – A. Martelli
Edizioni: Aguamanda Records srl

Bam-bù
L. Beretta – G.B. Martelli
Edizioni: Canale 5 Music
per gentile concessione della Edizioni RTI spa

Evviva noi
A. Pascanu – L. Beretta – D. Bertoni – A. Pascanu
Edizioni: Canale 5 Music
per gentile concessione della Edizioni RTI spa

Lo zecchino d'oro
M. Panzeri – P. Principe
Edizioni: D'Anzi
per gentile concessione delle Edizioni Curci srl

Mettiamoci a ballare
FICOWSKI – ZIMINSKA SYGIETYNSKA – V. BUONASSISI – PALLASZ – SYGIETYNSHY
Edizioni: Orchestralmusic
per gentile concessione delle Edizioni Curci srl

Se per miracolo
F. ROSSI – F. CHOPIN
Edizioni Antoniano

Le barche della bontà
TRADIZIONALE – F. ROSSI
Edizioni Antoniano

Piangendo Francesco
Trascr. ed elab. F. ROSSI – G.B. MARTELLI
Edizioni RiFi Music

Concerto per un bambino
PAGANI – SCHIFANO – TARENZI – MARTELLI
©1979 A. Pagani Srl Edizioni Musicali

Goccia dopo goccia
DI STEFANO – FASANO
Edizioni: Antoniano / Can Can

Il coro del creato
BERETTA – CIUCKOV
Edizioni: Antoniano / Cervino

Il mio rifugio è lei
MINGARDI – ZAVALLONE
Edizioni: Antoniano / Briciola

Il naufrago
Bussoli – Bertocchi
Edizioni: Antoniano / Briciola

Il sole verrà
Tradizionale – Tuminelli – riel. Martelli
Edizioni: Antoniano / Briciola

Io darei non so che
Theberge – Calabrese – Bellanger
Edizioni: Antoniano / Briciola

Mille voci una voce
Matusovsky – Testa – Sciainsky
Edizioni: Antoniano

Noi noi noi
Mori – Buonassisi – Mori
Edizioni: Antoniano

Vola, palombella!
Abi Daher – Tuminelli – Al Munzer
Edizioni: Antoniano

Il pinguino Belisario
F. Maresca – M. Pagano
Edizioni: Gennarelli

INDICE